INVERSIÓN EN CRIPTOMONEDAS

De Principiante a Inversor:
Un Manual Completo Sobre la Inversión
Exitosa en Criptomonedas

ARTURO PÉREZ

© **Copyright 2023 - Todos los derechos reservados.**

El contenido de este libro no puede ser reproducido, duplicado o transmitido sin el permiso directo por escrito del autor o del editor.

Bajo ninguna circunstancia se culpará o tendrá responsabilidad legal alguna contra el editor, o el autor, por cualquier daño, reparación o pérdida monetaria debido a la información contenida en este libro, ya sea directa o indirectamente.

<u>Aviso Legal:</u>

Este libro está protegido por derechos de autor. Es solo para uso personal. No puede modificar, distribuir, vender, usar, citar o parafrasear ninguna parte o el contenido de este libro sin el consentimiento del autor o editor.

<u>Aviso de exención de responsabilidad:</u>

Tenga en cuenta que la información contenida en este documento es solo para fines educativos y de entretenimiento. Se ha hecho todo lo posible para presentar información precisa, actualizada, confiable y completa. No se declaran ni implican garantías de ningún tipo. Los lectores reconocen que el autor no se dedica a la prestación de asesoramiento legal, financiero, médico o profesional. El contenido de este libro se ha derivado de varias fuentes. Consulte a un profesional autorizado antes de intentar cualquiera de las técnicas descritas en este libro.

Al leer este documento, el lector acepta que bajo ninguna circunstancia el autor es responsable de las pérdidas, directas o indirectas, en las que se incurra como resultado del uso de la información contenida en este documento, incluidos, entre otros, errores, omisiones o inexactitudes.

Tabla de Contenidos

Introducción 1

Capítulo I: Entendiendo las criptomonedas 4

Definición e historia de la criptomoneda 4

Cómo funciona la tecnología cadena de bloques 9

Diferentes tipos de criptomonedas.. 12

Explorando el potencial de las criptomonedas....................... 14

Capítulo II: Primeros pasos como inversor en criptomonedas 19

Evaluación de su preparación para la inversión...................... 19

Establecimiento de objetivos de inversión y tolerancia
al riesgo... 22

Elegir un exchange de criptomonedas confiable 25

Creación de una billetera de criptomonedas segura 28

Capítulo III: Conceptos fundamentales de la inversión en
criptomonedas 33

Capitalización bursátil y liquidez 33

Dinámica de la oferta y la demanda....................................... 37

Volatilidad y fluctuaciones de precios.................................... 42

Métricas clave para evaluar las criptomonedas...................... 47

Capítulo IV: Construcción de una estrategia de inversión en criptomonedas 53

Enfoques de inversión a largo plazo frente a enfoques de inversión a corto plazo 53

Diversificación y asignación de carteras......... 60

Análisis fundamental e investigación de criptomonedas......... 65

Análisis técnico y patrones gráficos 69

Capítulo V: Herramientas esenciales para la inversión en criptomonedas 74

Noticias y fuentes de información sobre criptomonedas......... 74

Plataformas y herramientas analíticas......... 78

Aplicaciones y software de comercio de criptomonedas 84

Medidas de seguridad y mejores prácticas......... 90

Capítulo VI: Gestión del riesgo en la inversión en criptomonedas 96

Identificación y mitigación de riesgos comunes......... 96

Comprender los ciclos y las tendencias del mercado 101

Establecimiento de órdenes de stop-loss y take-profit 105

Lidiar con el FUD (miedo, incertidumbre y duda) 109

Capítulo VII: Criptomonedas populares y su potencial de inversión 114

Bitcoin (BTC): el pionero de las criptomonedas......... 114

Ethereum (ETH): más allá de una moneda digital......... 119

Ripple (XRP), Litecoin (LTC) y otras criptomonedas establecidas 123

Explorando altcoins prometedoras y proyectos emergentes 127

Capítulo VIII: Navegando por el mercado de criptomonedas....132

Ofertas iniciales de monedas (ICO) y ventas de tokens 132

Finanzas descentralizadas (DeFi) y yield farming 137

Tokens no fungibles (NFT) y coleccionables digitales 141

Staking, préstamos y otras estrategias de generación de ingresos 146

Capítulo IX: Superar los desafíos y las trampas en la inversión en criptomonedas...151

Errores comunes que se deben evitar..................................... 151

Hacer frente a la manipulación del mercado y las estafas..... 156

Inteligencia emocional e inversión disciplinada..................... 160

Aprender de los contratiempos y adaptar las estrategias 163

Capítulo X: El futuro de la inversión en criptomonedas............168

Tendencias y desarrollos en la industria de las criptomonedas.. 168

Regulaciones gubernamentales y consideraciones legales ... 172

Adopción institucional y aceptación generalizada................. 176

Oportunidades y retos para los futuros inversores................ 180

Conclusión 184

Resumen de conceptos y conocimientos clave....................... 184

Reflexiones finales sobre el potencial de la inversión en criptomonedas.. 189

Introducción

¡Bienvenido al mundo de la inversión en criptomonedas! Las criptomonedas han atraído la atención y la imaginación de los inversores a escala global en los últimos años. Las criptomonedas se han convertido en una opción de inversión popular para inversores experimentados y novatos debido a su estructura descentralizada, diseño innovador y potencial para obtener grandes rendimientos.

Esta guía completa será su recurso de referencia si es nuevo en las criptomonedas. Le brindará la información y los recursos que necesita para comprender el fascinante y siempre cambiante mundo de la inversión en criptomonedas. Este libro electrónico le servirá de guía, ya sea que su objetivo sea diversificar su cartera de inversiones, buscar nuevas opciones comerciales o comprender los conceptos básicos de esta categoría de activos digitales.

El completo libro electrónico "Inversión en criptomonedas: de principiante a inversor: un manual completo sobre la inversión exitosa en criptomonedas" proporciona un viaje detallado que comienza con los fundamentos y avanza hacia ideas más complejas. Profundizaremos en varias criptomonedas, examinaremos su tecnología subyacente y lo armaremos con la información que necesita para tomar decisiones de inversión acertadas.

Aprenderá cómo comenzar a invertir en criptomonedas, incluida la creación de objetivos de inversión, la elección de intercambios de buena reputación y la protección de sus activos digitales. Veremos las ideas subyacentes detrás de la inversión en criptomonedas, incluida la dinámica del mercado, la volatilidad y las métricas esenciales.

Construir una estrategia de inversión para criptomonedas es esencial para el éxito. En este libro electrónico, hablaremos de la estrategia a largo plazo frente a la estrategia a corto plazo, la diversificación y un análisis de los componentes fundamentales y técnicos de las criptomonedas. También lo guiaremos a través de las plataformas fundamentales, las herramientas y las precauciones de seguridad para invertir con éxito en criptomonedas.

Por supuesto, hay riesgos asociados con cada inversión. En este libro electrónico hablaremos sobre los ciclos del mercado, las estrategias de gestión de riesgos y cómo manejar problemas como la manipulación del mercado y las estafas. Además, cubriremos criptomonedas conocidas como Bitcoin y Ethereum y analizaremos conceptos emergentes como los tokens no fungibles (NFT) y las finanzas descentralizadas (DeFi).

Invertir en criptomonedas tiene un futuro prometedor por delante. Hablaremos sobre las tendencias, los avances y los problemas regulatorios de la industria, así como sobre las posibilidades o dificultades futuras que puedan enfrentar los inversores.

"Inversión en criptomonedas: de principiante a inversor: un manual completo sobre la inversión exitosa en criptomonedas" tiene como objetivo equiparlo con el conocimiento, las ideas y la confianza para comenzar su viaje de inversión en criptomonedas, independientemente de su nivel de experiencia en inversiones. Entonces, ¡comencemos y hagamos realidad juntos la promesa de una inversión rentable en criptomonedas!

Capítulo I

Entendiendo las criptomonedas

Definición e historia de la criptomoneda

La criptomoneda se ha convertido en una clase de activos digitales revolucionaria que ha capturado la imaginación de inversores, tecnólogos y entusiastas de todo el mundo. En esta sección, exploraremos la definición y la historia de la criptomoneda, profundizando en su tecnología subyacente, su impacto en el panorama financiero y su viaje desde el inicio hasta el reconocimiento general.

La criptografía es utilizada por la criptomoneda, a menudo llamada moneda digital o virtual, para asegurar transacciones financieras, confirmar la transferencia de activos y regular la creación de nuevas unidades. A diferencia de las monedas fiduciarias tradicionales emitidas por los gobiernos, las criptomonedas operan en redes descentralizadas conocidas como cadena de bloquess.

En el corazón de la criptomoneda se encuentra la tecnología cadena de bloques. Un libro mayor distribuido llamado cadena de bloques reemplaza la necesidad de una autoridad central al registrar y verificar las transacciones en numerosas computadoras. Cada transacción se agrega a un "bloque" que está vinculado a los bloques anteriores, creando un registro inmutable y transparente de todas las transacciones.

La moneda digital tiene sus raíces a principios de la década de 1980, cuando se exploraron las transacciones seguras por Internet utilizando técnicas criptográficas. Innovaciones como DigiCash de David Chaum y b-money de Wei Dai sentaron las bases para el desarrollo de la criptomoneda.

Un documento técnico con el título "Bitcoin: A Peer-to-Peer Electronic Cash System" fue publicado en 2008 por una persona o grupo no identificado conocido solo como Satoshi Nakamoto, y marcó el comienzo oficial de las criptomonedas. Bitcoin, la primera criptomoneda descentralizada, se introdujo como respuesta a las deficiencias del sistema financiero tradicional.

La red Bitcoin se estableció en enero de 2009, cuando Nakamoto minó el primer bloque, conocido como el Bloque Génesis. Esto marcó el comienzo de una nueva era en las finanzas, donde las transacciones peer-to-peer podían realizarse sin necesidad de intermediarios.

En los primeros días, Bitcoin ganó terreno entre una pequeña comunidad de tecnólogos, criptógrafos y libertarios que vieron su potencial para la libertad financiera y la privacidad. Estos primeros usuarios desempeñaron un papel crucial en el establecimiento de la credibilidad de Bitcoin y en la difusión de la conciencia sobre sus beneficios.

A medida que más personas reconocieron el potencial transformador de las criptomonedas, Bitcoin ganó impulso y comenzó a atraer una atención más amplia. Los mercados en línea, como la infame Ruta de la Seda, facilitaron el uso de Bitcoin para transacciones ilícitas, pero también contribuyeron a su creciente adopción.

Tras el éxito de Bitcoin, comenzaron a surgir criptomonedas alternativas, a menudo denominadas altcoins. Estas altcoins buscaban abordar algunas de las limitaciones de Bitcoin o introducir características y funcionalidades únicas. Un ejemplo notable es Litecoin, que tenía como objetivo mejorar la velocidad de transacción de Bitcoin.

A medida que se expandía el ecosistema de criptomonedas, se introdujeron diferentes criptomonedas con casos de uso específicos. Por ejemplo, Ripple (XRP) pretendía revolucionar los pagos transfronterizos, mientras que Ethereum (ETH) introdujo el concepto de contratos inteligentes, permitiendo el desarrollo de aplicaciones descentralizadas (dApps).

A medida que los medios de comunicación comenzaron a cubrir historias sobre las subidas astronómicas de precios de Bitcoin y el éxito de los primeros inversores, la conciencia pública sobre la criptomoneda creció rápidamente. Esto llevó a un mayor interés por parte de particulares e inversores institucionales que buscaban participar en esta nueva y potencialmente lucrativa clase de activos.

El auge de las criptomonedas también presentó desafíos para los gobiernos y los reguladores. Las preocupaciones sobre el lavado de dinero, la evasión fiscal y la protección del consumidor llevaron a la introducción de varias regulaciones y medidas de cumplimiento. Países como Japón y Suiza adoptaron las criptomonedas, mientras que otros adoptaron un enfoque cauteloso o restrictivo.

La entrada de los actores institucionales y de Wall Street en las criptomonedas marcó un hito significativo. Las instituciones financieras tradicionales, incluidos los bancos y los fondos de cobertura, comenzaron a explorar las inversiones en criptomonedas, el comercio de futuros e incluso el establecimiento de mesas de negociación dedicadas a las criptomonedas.

La innovación dentro del espacio de las criptomonedas continuó evolucionando. Se introdujeron nuevas tecnologías criptográficas, como las pruebas de conocimiento cero y las firmas en anillo, para mejorar la privacidad y la seguridad. Proyectos como Monero y Zcash se centraron en proporcionar transacciones anónimas.

Uno de los retos críticos a los que se enfrentaron las primeras criptomonedas como Bitcoin fue la escalabilidad. En respuesta, surgieron varias soluciones, incluida la Lightning Network para transacciones de Bitcoin más rápidas y baratas y el cambio de Ethereum a un mecanismo de consenso proof-of-stake para mejorar la escalabilidad.

El mercado de las criptomonedas ha crecido significativamente, y ahora hay una amplia variedad de criptomonedas con una capitalización de mercado de cientos de miles de millones de dólares. Bitcoin sigue dominando el mercado, pero numerosas altcoins han ganado tracción y reconocimiento.

La adopción de criptomonedas se ha expandido más allá de los entusiastas de la tecnología y los especuladores. Las principales compañías, como Tesla y PayPal, han comenzado a aceptar criptomonedas como forma de pago. Además, la integración de las criptomonedas en los sistemas financieros tradicionales a través de billeteras digitales y pasarelas de pago se ha vuelto más común.

Si bien las criptomonedas ofrecen un enorme potencial, también enfrentan desafíos. La volatilidad, las incertidumbres regulatorias y las preocupaciones de seguridad siguen siendo áreas de enfoque. Sin embargo, la tecnología subyacente y el potencial de las finanzas descentralizadas (DeFi), los tokens no fungibles (NFT) y otras aplicaciones innovadoras indican un futuro prometedor.

Cómo funciona la tecnología cadena de bloques

Una tecnología de contabilidad distribuida conocida como cadena de bloques ha surgido como una fuerza transformadora que está desafiando los sistemas convencionales de mantenimiento de registros y revolucionando varias industrias. En esta sección, exploraremos las complejidades de la tecnología cadena de bloques, sus principios subyacentes y su potencial para alterar varios sectores. Analizaremos las características técnicas más complejas de cadena de bloques, sus componentes y el proceso mediante el cual garantiza la transparencia, la seguridad y la descentralización.

Cadena de bloques, una tecnología de contabilidad descentralizada y distribuida que permite el mantenimiento de registros seguros y transparentes de las transacciones digitales entre múltiples participantes. Es una cadena de bloques inmutables, cada uno de los cuales contiene un conjunto de transacciones y está conectado al anterior a través de hashes criptográficos. En el corazón de la cadena de bloques se encuentra la tecnología de cadena de bloques. Cadena de bloques, un libro de contabilidad distribuido que registra y verifica las transacciones en múltiples computadoras, eliminando la necesidad de una autoridad central. Cada transacción se agrega a un "bloque" que está vinculado a los bloques anteriores, creando un registro inmutable y transparente de todas las transacciones.

Las transacciones representan la transferencia de activos digitales o información dentro de la red cadena de bloques. Contienen entradas (fuentes de fondos) y salidas (direcciones de destino) y se agrupan en un bloque. Los bloques son contenedores que almacenan varias transacciones. Cada bloque contiene un identificador único conocido como hash, que se genera en función de los datos del bloque y del hash del bloque anterior. Los bloques se organizan utilizando una estructura de datos llamada árboles de Merkle, que permite una verificación y recuperación eficientes de las transacciones. La raíz del árbol de Merkle, también conocida como raíz de Merkle, se almacena en el encabezado del bloque y actúa como un resumen de todas las transacciones en el bloque.

Los mecanismos de consenso son protocolos que aseguran el acuerdo entre los participantes en una red cadena de bloques con respecto a la validez de las transacciones y el estado de la cadena de bloques. Los dos mecanismos de consenso más destacados son Proof of Work (PoW) y Proof of Stake (PoS). PoW, introducido por Bitcoin, implica que los mineros compitan para resolver un rompecabezas matemático computacionalmente intensivo para agregar el siguiente bloque a la cadena de bloques. PoS, por otro lado, se basa en la propiedad o participación de los participantes en la criptomoneda para determinar el derecho a confirmar transacciones y crear nuevos bloques.

Cadena de bloques garantiza la seguridad a través de la criptografía. Las firmas digitales se utilizan para garantizar la autenticidad e integridad de las transacciones. Cada participante tiene una clave privada para firmar transacciones, mientras que la clave pública correspondiente se utiliza para la verificación. Una vez que se agrega un bloque a la cadena de bloques, alterar o eliminar las transacciones dentro de él se vuelve casi imposible. Los enlaces criptográficos entre bloques y la naturaleza distribuida de la red proporcionan un alto nivel de seguridad e inmutabilidad.

La cadena de bloques opera en una red peer-to-peer, con múltiples participantes (nodos) que mantienen una copia de la cadena de bloques. Esta estructura descentralizada reduce la dependencia de una autoridad central y mejora la resiliencia del sistema. Cadena de bloques permite transacciones sin confianza, donde los participantes pueden realizar transacciones entre sí sin la necesidad de un intermediario de confianza. Los mecanismos de consenso y las técnicas criptográficas garantizan la validez e integridad de las transacciones sin depender de la confianza.

La tecnología cadena de bloques encuentra aplicaciones en diversos campos. En el sector de los servicios financieros, permite realizar transacciones entre pares seguras y transparentes sin necesidad de intermediarios. Los contratos inteligentes, acuerdos autoejecutables con reglas y condiciones predefinidas, eliminan la necesidad de intermediarios y automatizan procesos comerciales complejos. En la gestión de la cadena de suministro, cadena de bloques proporciona transparencia y trazabilidad, lo que permite un seguimiento eficiente de las mercancías y la detección de actividades fraudulentas. En el sector sanitario, la cadena de bloques mejora la privacidad y la seguridad de los datos, lo que garantiza registros de datos de pacientes seguros e inmutables.

Cadena de bloques enfrenta desafíos en cuanto a escalabilidad, ya que necesita manejar una gran cantidad de transacciones. Se están realizando esfuerzos para desarrollar soluciones como la fragmentación y los protocolos de capa dos para mejorar la escalabilidad. La interoperabilidad entre diferentes plataformas de cadena de bloques también es un área de enfoque para establecer una comunicación fluida. El desarrollo de marcos regulatorios para abordar preocupaciones como la protección del consumidor, el lavado de dinero y la privacidad es crucial a medida que cadena de bloques gana protagonismo.

Diferentes tipos de criptomonedas

Las criptomonedas han experimentado un notable crecimiento en popularidad y diversidad desde la aparición de Bitcoin en 2009. Si bien Bitcoin sigue siendo la criptomoneda más conocida, se han introducido numerosas criptomonedas alternativas, o altcoins, cada una con características, casos de uso y propuestas de valor únicos. En esta sección, exploraremos diferentes tipos de criptomonedas, incluidas las diseñadas para fines específicos como la privacidad, la escalabilidad y los contratos inteligentes. Profundizaremos en las características y aplicaciones de estas criptomonedas, destacando la diversidad e innovación del espacio criptográfico.

Bitcoin, presentado por Satoshi Nakamoto, es la criptomoneda pionera que sentó las bases de toda la industria. Opera en una red descentralizada, lo que facilita las transacciones entre pares sin necesidad de intermediarios. Las principales aplicaciones de Bitcoin son como reserva de valor y mecanismo de intercambio. En 2011, Charlie Lee lanzó Litecoin, comúnmente descrito como la plata del oro de Bitcoin. Es una criptomoneda peer-to-peer que comparte muchas similitudes con Bitcoin, pero ofrece tiempos de generación de bloques más rápidos y un algoritmo de hash diferente. Namecoin es una criptomoneda innovadora que combina una red descentralizada peer-to-peer con un sistema de nombres de dominio (DNS). Su objetivo es proporcionar servicios de registro y transferencia de nombres de dominio seguros y resistentes a la censura.

Monero es una criptomoneda centrada en la privacidad que enfatiza fuertemente el anonimato y la fungibilidad. Utiliza técnicas criptográficas avanzadas, como firmas de anillo y direcciones ocultas, para ofuscar los detalles de las transacciones y garantizar la privacidad del usuario. Zcash es otra criptomoneda orientada a la privacidad que utiliza pruebas de conocimiento cero, específicamente zk-SNARK, para permitir transacciones protegidas. Estas transacciones ocultan el remitente, el destinatario y el monto de la transacción, lo que proporciona una mayor privacidad para los usuarios.

Ethereum es una criptomoneda innovadora que introdujo el concepto de contratos inteligentes, permitiendo la creación de aplicaciones descentralizadas (dApps) y la ejecución de acuerdos programables. Una plataforma cadena de bloques llamada Cardano busca ofrecer un marco seguro y expandible para crear aplicaciones descentralizadas y contratos inteligentes. Utiliza un mecanismo de consenso proof-of-stake (PoS) y emplea una arquitectura en capas para mejorar la escalabilidad y la interoperabilidad.

Ripple es una criptomoneda diseñada para transferencias internacionales de dinero rápidas y de bajo costo. Opera en un protocolo de pago conocido como RippleNet y utiliza un algoritmo de consenso llamado XRP Ledger Consensus Protocol. Nano es una criptomoneda que tiene como objetivo proporcionar transacciones instantáneas y sin comisiones. Utiliza una estructura única de celosía de bloques, lo que permite el procesamiento paralelo y una alta escalabilidad.

Tether es un tipo de criptomoneda conocida como stablecoin. Está diseñado para mantener un valor estable vinculando su precio a una moneda fiduciaria, normalmente el dólar estadounidense, en una proporción de 1:1. USD Coin es otra popular stablecoin que opera en la cadena de bloques de Ethereum. El Consorcio del Centro lo gobierna y ofrece estabilidad y transparencia dentro del espacio criptográfico.

La criptomoneda nativa del exchange Binance se llama Binance Coin. Es un ejemplo de token de utilidad, que proporciona varios beneficios a los usuarios dentro del ecosistema de Binance. Los tokens de seguridad representan la propiedad de un activo subyacente y cumplen con las regulaciones de valores existentes.

Dogecoin, inicialmente introducida como una criptomoneda meme, ha ganado un número sustancial de seguidores y comunidad. IOTA es una criptomoneda diseñada específicamente para el ecosistema de Internet de las Cosas (IoT). Su objetivo es proporcionar una infraestructura escalable, sin comisiones y descentralizada para las transacciones de máquina a máquina y la transferencia de datos.

Explorando el potencial de las criptomonedas

Las criptomonedas se han convertido en una fuerza disruptiva en el mundo financiero, desafiando los sistemas tradicionales y prometiendo nuevas posibilidades para las personas y las empresas.

En esta sección, exploraremos el potencial de las criptomonedas, examinando su impacto en varios sectores y su poder transformador. Profundizaremos en las ventajas y desafíos de las criptomonedas, su potencial para la inclusión financiera, su papel en la descentralización de los sistemas financieros y su impacto en la innovación tecnológica.

Las criptomonedas tienen varios beneficios que podrían alterar por completo la industria bancaria. En primer lugar, promueven la inclusión financiera ofreciendo servicios a las personas no bancarizadas o subbancarizadas. Las criptomonedas facilitan que las personas en lugares remotos o poblaciones desatendidas obtengan servicios financieros a través de dispositivos móviles y conectividad a Internet. Mediante el uso de la tecnología cadena de bloques, las criptomonedas también ofrecen responsabilidad y transparencia. El libro mayor descentralizado garantiza la confirmación y verificación de las transacciones en tiempo real, lo que reduce la posibilidad de fraude y corrupción. Además, la seguridad y la propiedad de las criptomonedas mejoran la integridad de los datos y disminuyen la necesidad de intermediarios externos.

Las criptomonedas tienen el potencial de descentralizar los sistemas financieros, reduciendo la dependencia de intermediarios tradicionales como bancos y procesadores de pagos. Al permitir las transacciones peer-to-peer, las criptomonedas empoderan a las personas y facilitan el control directo sobre los activos financieros. Esta descentralización también agiliza las transacciones transfronterizas y las remesas al eliminar la necesidad de intermediarios, lo que se traduce en una reducción de costos y una mayor eficiencia. La capacidad de realizar transacciones directamente entre las partes tiene implicaciones significativas para las personas y las empresas que operan en la economía global, eliminando barreras y reduciendo la fricción en las transacciones financieras internacionales.

Las criptomonedas no solo han impactado en el sector financiero, sino que también han allanado el camino para la innovación tecnológica. La tecnología cadena de bloques, la infraestructura subyacente de las criptomonedas, tiene el potencial de revolucionar varias industrias. La naturaleza descentralizada e inmutable de cadena de bloques permite el mantenimiento seguro y transparente de registros, la gestión de la cadena de suministro, la verificación de identidad, la gestión de derechos de propiedad intelectual y mucho más. Las aplicaciones descentralizadas (dApps) y los contratos inteligentes también han sido posibles gracias a criptomonedas como Ethereum. Los contratos inteligentes son acuerdos autoejecutables con reglas y condiciones predefinidas, lo que permite la automatización de procesos complejos y reduce la necesidad de intermediarios. Estas innovaciones abren nuevas vías para los servicios descentralizados y proporcionan un terreno fértil para nuevos avances tecnológicos.

Las criptomonedas tienen mucho potencial, pero también desafíos y consideraciones. En primer lugar, el marco legal de las criptomonedas aún se está desarrollando. La protección del consumidor, el lavado de dinero, el cumplimiento tributario y la seguridad de los inversores son problemas con los que los gobiernos y las agencias reguladoras están luchando actualmente. El desarrollo responsable de las criptomonedas depende de encontrar el equilibrio ideal entre la regulación y el apoyo a la innovación. En segundo lugar, los inversores y las empresas pueden enfrentarse a riesgos debido a la volatilidad de las criptomonedas. La estabilidad y la adopción de las criptomonedas como medio de intercambio o reserva de valor pueden verse afectadas por la volatilidad de los precios. Para una mayor adopción, es crucial abordar la volatilidad y poner en práctica planes de gestión de riesgos. Por último, las restricciones tecnológicas sobre la escalabilidad, la velocidad de las transacciones y el consumo de energía se aplican a las criptomonedas. La escalabilidad se convierte en un tema crucial a medida que las redes cadena de bloques experimentan un aumento en el volumen de transacciones. Se están explorando soluciones que incluyen protocolos de capa 2, fragmentación y mejoras en los algoritmos de consenso para superar estas restricciones.

A pesar de los desafíos, las criptomonedas han ganado una tracción y aceptación significativas. Las principales instituciones financieras, empresas de tecnología y gobiernos están integrando criptomonedas en sus plataformas, lo que permite a los usuarios realizar transacciones sin problemas con activos digitales. Los inversores institucionales también entran en el mercado de las criptomonedas, lo que proporciona una mayor validación y legitimidad. Además, los bancos centrales de todo el mundo están explorando el desarrollo de monedas digitales de bancos centrales (CBDC). Las CBDC, aprovechando la cadena de bloques u otras tecnologías de contabilidad distribuida, podrían impulsar aún más la adopción y legitimidad de las criptomonedas. La creciente aceptación e integración de las criptomonedas por parte de los principales actores indica un futuro prometedor para esta tecnología transformadora.

Capítulo II

Primeros pasos como inversor en criptomonedas

Evaluación de su preparación para la inversión

Las criptomonedas han ganado una atención significativa como una opción de inversión, atrayendo a personas e instituciones que buscan rendimientos potenciales en el espacio de activos digitales en rápida evolución. Sin embargo, invertir en criptomonedas requiere una cuidadosa consideración y evaluación de la preparación para la inversión. Esta sección explorará los factores clave a evaluar al considerar las inversiones en criptomonedas. Profundizaremos en la comprensión de la tolerancia al riesgo, la realización de una investigación exhaustiva, la evaluación de estrategias de inversión y el desarrollo de un enfoque disciplinado para navegar por el volátil mercado de las criptomonedas.

Antes de profundizar en las inversiones en criptomonedas, es crucial comprender su tolerancia al riesgo. Las criptomonedas son conocidas por su volatilidad de precios y fluctuaciones del mercado, lo que puede generar ganancias o pérdidas significativas. Evaluar su tolerancia al riesgo implica evaluar su situación financiera, sus objetivos de inversión y su disposición a aceptar posibles pérdidas. Es esencial tener en cuenta su horizonte de inversión y el impacto de las posibles pérdidas en su bienestar financiero general.

La investigación exhaustiva es esencial antes de invertir en criptomonedas. Comprender los fundamentos de los activos digitales que está considerando es crucial. Esto incluye la investigación de la tecnología detrás de la criptomoneda, su caso de uso, potencial de adopción y panorama competitivo. Mantenerse informado sobre las noticias de la industria, las tendencias del mercado y los cambios regulatorios también es vital. Seguir fuentes confiables, participar en comunidades en línea e interactuar con expertos puede ayudarlo a mantenerse actualizado y tomar decisiones de inversión informadas.

Las estrategias de inversión juegan un papel importante en las inversiones en criptomonedas. Los inversores pueden elegir entre un enfoque a largo plazo o a corto plazo. Los inversores a largo plazo se centran en el crecimiento potencial y la adopción de criptomonedas específicas durante un período prolongado. Los traders a corto plazo tienen como objetivo aprovechar la volatilidad de los precios comprando y vendiendo criptomonedas en plazos más cortos. Evaluar sus objetivos de inversión, tolerancia al riesgo y compromiso de tiempo le ayudará a determinar su estrategia de inversión más adecuada. Además, comprender el análisis fundamental y técnico puede ayudar a desarrollar una estrategia de inversión integral.

Desarrollar un enfoque disciplinado es crucial para el éxito de la inversión en criptomonedas. Es esencial establecer expectativas realistas, reconociendo los riesgos inherentes y el potencial de pérdidas. La implementación de estrategias de gestión de riesgos, como la diversificación, el establecimiento de órdenes de stop-loss y el uso del promedio del costo en dólares, puede ayudar a proteger sus inversiones. La disciplina emocional es fundamental para evitar la toma de decisiones impulsivas basadas en los movimientos del mercado a corto plazo. Tener una perspectiva a largo plazo y ceñirse a tu estrategia de inversión te ayudará a navegar racionalmente por la volatilidad del mercado.

La volatilidad del mercado es una característica del mercado de criptomonedas. Navegar por esta volatilidad requiere disciplina emocional y evaluar la relación riesgo-recompensa. Desarrollar la disciplina emocional ayuda a evitar decisiones impulsivas y a mantener un enfoque racional. Evaluar la relación riesgo-recompensa implica comprender las ganancias y pérdidas potenciales asociadas con una inversión en criptomonedas y sopesarlas con su tolerancia al riesgo. La evaluación de factores como las tendencias del mercado, los fundamentos del proyecto y el sentimiento general del mercado puede ayudar a tomar decisiones de inversión informadas.

Establecimiento de objetivos de inversión y tolerancia al riesgo

Debido al carácter volátil del mercado, invertir en criptomonedas tiene el potencial de proporcionar ganancias sustanciales, pero también conlleva riesgos inherentes. Para navegar con éxito por este panorama, es crucial establecer objetivos de inversión claros y determinar su tolerancia al riesgo. En esta sección, exploraremos la importancia de establecer objetivos de inversión, comprender la tolerancia al riesgo y cómo estos factores juegan un papel vital en las inversiones en criptomonedas. Profundizaremos en la definición de objetivos de inversión, la evaluación de la tolerancia al riesgo y la búsqueda del equilibrio adecuado para maximizar los rendimientos potenciales mientras se gestiona el riesgo de manera efectiva.

Establecer objetivos de inversión claros es esencial para guiar su viaje de inversión en criptomonedas. Comience por identificar sus objetivos financieros, como la acumulación de riqueza, la financiación de la jubilación o el logro de hitos específicos. Definir sus objetivos proporciona un marco para tomar decisiones de inversión y le ayuda a mantenerse centrado y motivado durante las fluctuaciones del mercado.

Ten en cuenta tu horizonte temporal de inversión a la hora de establecer objetivos. Los objetivos a corto plazo implican capitalizar las tendencias del mercado a corto plazo, mientras que los objetivos a largo plazo se centran en el crecimiento potencial y la adopción de criptomonedas específicas durante un período prolongado. Alinear tu horizonte temporal con tus objetivos de inversión influirá en las estrategias de inversión y en la tolerancia al riesgo que adoptes.

Evaluar su tolerancia al riesgo es crucial para asegurarse de que su estrategia de inversión se alinea con su nivel de comodidad. La tolerancia al riesgo implica evaluar su capacidad para manejar las fluctuaciones del mercado y las posibles pérdidas. Los factores a considerar incluyen su situación financiera, experiencia de inversión, horizonte temporal y disposición emocional. Comprender su tolerancia al riesgo le permite tomar decisiones informadas y evitar una exposición excesiva al riesgo.

Las inversiones en criptomonedas conllevan un conjunto único de riesgos y recompensas. Los rendimientos potenciales más altos a menudo vienen acompañados de una mayor volatilidad y la posibilidad de pérdidas significativas. La evaluación de la relación riesgo-recompensa le permite evaluar las posibles ganancias y pérdidas de las diferentes estrategias de inversión. Equilibrar el riesgo y la recompensa es vital para administrar su cartera de inversiones de manera efectiva.

Encontrar el equilibrio adecuado entre la tolerancia al riesgo y los objetivos de inversión es crucial para el éxito de la inversión en criptomonedas. Los objetivos de inversión agresivos pueden requerir una mayor tolerancia al riesgo, mientras que los objetivos conservadores pueden requerir un enfoque más cauteloso. Para establecer una estrategia de inversión que se ajuste a sus aspiraciones y nivel de comodidad, tenga en cuenta tanto sus objetivos de inversión como su tolerancia al riesgo.

La diversificación desempeña un papel fundamental en la gestión del riesgo. Distribuir sus inversiones entre diferentes criptomonedas y clases de activos puede ayudar a mitigar el impacto de las fluctuaciones del mercado. La diversificación le permite capturar ganancias potenciales de varios sectores al tiempo que reduce la exposición a una sola inversión. Tenga en cuenta la correlación, las tendencias del mercado y las posibles oportunidades de crecimiento a la hora de diversificar su cartera de criptomonedas.

La implementación de estrategias de gestión de riesgos es vital para proteger sus inversiones. Las órdenes de stop-loss le permiten establecer niveles de precios predeterminados a los que sus tenencias de criptomonedas se venden automáticamente. Esto ayuda a limitar las pérdidas potenciales y a proteger su capital de inversión. Establecer órdenes de stop-loss puede ayudar a gestionar el riesgo a la baja al tiempo que permite posibles ganancias al alza.

El tamaño de la posición se refiere a determinar la asignación adecuada de su capital de inversión a cada criptomoneda. Al considerar cuidadosamente su tolerancia al riesgo y la volatilidad potencial de cada inversión, puede asignar una parte adecuada de su cartera para minimizar el impacto de las posibles pérdidas. El dimensionamiento de la posición le ayuda a controlar la exposición al riesgo y a mantener una cartera equilibrada.

Los objetivos de inversión y la tolerancia al riesgo deben reevaluarse periódicamente para garantizar que permanezcan alineados con la evolución de su situación financiera y las condiciones del mercado. Evalúe regularmente sus objetivos, tolerancia al riesgo y estrategia de inversión para realizar los ajustes necesarios y afinar su enfoque. Al hacerlo, puede adaptarse a la dinámica cambiante del mercado y continuar trabajando hacia sus objetivos de inversión.

Considere la posibilidad de buscar asesoramiento profesional para que le ayude a evaluar sus objetivos de inversión y su tolerancia al riesgo. Los asesores financieros o los profesionales de la inversión pueden proporcionar orientación adaptada a sus necesidades específicas y ayudar a desarrollar una estrategia de inversión integral. Su experiencia puede ayudarle a tomar decisiones informadas y a gestionar el riesgo de forma eficaz.

Elegir un exchange de criptomonedas confiable

En el ecosistema de los activos digitales, los intercambios de criptomonedas son esenciales porque facilitan la adquisición, venta y comercio de criptomonedas. Sin embargo, con la proliferación de intercambios, elegir una plataforma confiable que priorice la seguridad, la transparencia y la experiencia del usuario se vuelve esencial. Esta sección explorará los factores clave a tener en cuenta a la hora de elegir un exchange de criptomonedas. Profundizaremos en las medidas de seguridad, el cumplimiento normativo, las criptomonedas disponibles, las tarifas comerciales, la interfaz de usuario, la atención al cliente y la reputación para ayudarlo a tomar una decisión informada.

Al seleccionar un intercambio de criptomonedas, la seguridad debe ser la primera prioridad. Los inversores deben dar prioridad a las plataformas que implementan medidas de seguridad sólidas para proteger los fondos y la información personal de los usuarios. Esto incluye medidas como la autenticación de dos factores (2FA), el almacenamiento en frío para el almacenamiento de fondos fuera de línea, auditorías de seguridad periódicas y protocolos de cifrado. El riesgo de piratería y acceso ilegal a sus fondos se reducirá si selecciona un exchange que ponga un fuerte énfasis en la seguridad.

El cumplimiento normativo es un aspecto crítico de un exchange de criptomonedas fiable. Busque exchanges que operen dentro de un marco regulatorio claro y cumplan con las leyes y regulaciones relevantes en su jurisdicción. Un exchange confiable tendrá las licencias y la supervisión regulatoria adecuadas, lo que demuestra su compromiso con las prácticas legales y éticas. La transparencia también es esencial, ya que los exchanges deben proporcionar información sobre su equipo, los detalles de registro de la empresa y las direcciones de billeteras frías para fomentar la confianza y la transparencia dentro de la comunidad.

Considere la gama de criptomonedas y pares comerciales que ofrece el intercambio. Un exchange confiable debería proporcionar una selección diversa de criptomonedas establecidas y proyectos emergentes prometedores. Esto permite a los inversores acceder a diversas oportunidades de inversión e implementar diferentes estrategias de negociación. Asegúrese de que el intercambio admita las criptomonedas específicas con las que está interesado en operar, ya que esto le permitirá ejecutar sus planes de inversión deseados de manera efectiva.

Examine la estructura de tarifas del exchange para comprender los costos comerciales. Los diferentes exchanges emplean varias estructuras de tarifas, incluidas las tarifas de negociación, depósito, retiro e inactividad. Tenga en cuenta la estructura de tarifas que se alinea con su frecuencia de negociación y estrategia de inversión. Es esencial equilibrar las tarifas competitivas y la calidad de los servicios del intercambio.

La interfaz de usuario y la experiencia general del usuario juegan un papel importante en la elección de un intercambio de criptomonedas confiable. Una interfaz fácil de usar garantiza la facilidad de navegación, la ejecución fluida de las operaciones y la supervisión conveniente de la cartera. Busque exchanges con gráficos de precios en tiempo real, profundidad del libro de órdenes y configuraciones personalizables para mejorar su experiencia comercial. Además, considere si el exchange ofrece una aplicación móvil que le permita operar con criptomonedas sobre la marcha, proporcionando comodidad y flexibilidad.

Un servicio de atención al cliente fiable es vital cuando se trata de problemas técnicos, consultas de cuentas o problemas transaccionales. Busque exchanges que ofrezcan canales de atención al cliente receptivos, como correo electrónico, chat en vivo o soporte telefónico. Un servicio de atención al cliente rápido y eficiente indica el compromiso de un exchange de proporcionar una experiencia fiable y fácil de usar. Además, considere la reputación y el historial del intercambio dentro de la comunidad de criptomonedas. Investigue los foros en línea y las plataformas de redes sociales, y revise los sitios web para recopilar información de las experiencias de otros usuarios. Es más probable que un exchange con una reputación sólida, comentarios positivos de los usuarios y un historial de confiabilidad operativa sea confiable y confiable.

Creación de una billetera de criptomonedas segura

Las criptomonedas han revolucionado la forma en que realizamos transacciones y almacenamos valor, ofreciendo una forma de moneda descentralizada y digital. Sin embargo, con la creciente importancia y popularidad de las criptomonedas, asegurar sus activos digitales se ha vuelto más crucial que nunca. La creación de una billetera de criptomonedas segura es la primera defensa contra posibles violaciones de seguridad y accesos no autorizados. En esta sección, exploraremos los diversos tipos de billeteras de criptomonedas disponibles, profundizaremos en las mejores prácticas para proteger su billetera, discutiremos la importancia de las claves privadas y las frases semilla, y exploraremos opciones de seguridad adicionales para garantizar la seguridad de sus activos digitales.

Hay varias opciones para billeteras de criptomonedas, cada una con fortalezas y vulnerabilidades. Comprender los diferentes tipos de billeteras es crucial para crear una solución de almacenamiento seguro para sus activos digitales.

Las billeteras de hardware son dispositivos físicos diseñados específicamente para almacenar y proteger criptomonedas. Estas billeteras proporcionan una solución de almacenamiento fuera de línea al mantener las claves privadas fuera de línea, lejos de posibles amenazas en línea. El aislamiento de las claves privadas en las billeteras de hardware las hace altamente seguras y resistentes a los intentos de piratería.

El software o las billeteras digitales permiten a los usuarios almacenar y administrar sus criptomonedas en dispositivos electrónicos como computadoras, teléfonos inteligentes o tabletas. Las billeteras de software se pueden clasificar en billeteras de escritorio, móviles y web. Si bien las billeteras de software ofrecen comodidad y accesibilidad, son más vulnerables a las amenazas en línea y requieren medidas de seguridad adicionales.

Las billeteras de papel implican generar e imprimir una copia física de las claves públicas y privadas de su criptomoneda. Las claves se almacenan fuera de línea, lo que reduce el riesgo de ataques en línea. Las billeteras de papel brindan una capa adicional de seguridad al mantener sus criptomonedas alejadas de las amenazas digitales. Sin embargo, requieren un manejo cuidadoso y protección contra daños físicos o pérdidas.

Proteger su billetera de criptomonedas va más allá de elegir el tipo correcto de billetera. La implementación de las mejores prácticas es crucial para garantizar la máxima seguridad de sus activos digitales.

Crear una contraseña robusta y única para su billetera es fundamental. Evite usar contraseñas comunes y mezcle sus caracteres con mayúsculas, minúsculas, números y símbolos. Actualizar regularmente su contraseña y evitar reutilizarlas en diferentes plataformas es esencial para la seguridad de la billetera.

Su billetera gana un grado adicional de seguridad cuando se habilita la autenticación de dos factores. Puede aumentar la seguridad de su cuenta y reducir la posibilidad de acceso ilegal conectando su billetera con una aplicación de autenticación o registrándose para recibir códigos de verificación por SMS.

Mantener actualizado el software de su billetera es crucial para la seguridad. Las actualizaciones de software suelen incluir parches de seguridad y correcciones de errores que abordan posibles vulnerabilidades. Al mantenerse al día con las actualizaciones de software, minimiza el riesgo de explotación por parte de actores malintencionados.

Conéctese siempre a su billetera utilizando conexiones de red seguras. Evite el uso de redes Wi-Fi públicas, ya que son susceptibles a ataques de intermediario. En su lugar, utilice redes de confianza o una red privada virtual (VPN) para cifrar su conexión y garantizar la seguridad de las transacciones de su billetera.

Las claves privadas y las frases semilla son componentes integrales de las billeteras de criptomonedas. Comprender su importancia y protegerlos adecuadamente es esencial para la seguridad de la billetera.

Las claves privadas son códigos alfanuméricos únicos que otorgan acceso a sus criptomonedas. Sirven como firmas digitales para sus transacciones. Es crucial mantener la confidencialidad de sus claves privadas y nunca compartirlas con nadie. Las billeteras de hardware y software almacenan y administran de forma segura las claves privadas en su nombre.

En caso de pérdida o daño, las frases semilla, también conocidas como frases de recuperación o frases de respaldo, se pueden usar para recuperar su billetera. Al configurar una billetera, normalmente se le da una frase semilla que consta de una serie de palabras. La frase semilla debe escribirse y guardarse en un lugar seguro, preferiblemente fuera de línea. Almacene la frase semilla de forma segura, ya que cualquier persona con acceso a ella puede acceder a su billetera y activos digitales.

Además de las mejores prácticas antes mencionadas, varias medidas de seguridad adicionales pueden mejorar aún más la seguridad de su billetera de criptomonedas.

Las billeteras multifirma (Multisig) requieren varias firmas para autorizar transacciones. Al involucrar a numerosas partes, como miembros de la familia o personas de confianza, mejora la seguridad e integridad de su billetera. Esta protección adicional garantiza que ninguna persona tenga el control exclusivo sobre la billetera.

El almacenamiento en frío implica mantener sus claves privadas y criptomonedas completamente fuera de línea, lo que reduce el riesgo de piratería y acceso no autorizado. Las billeteras de hardware y las billeteras de papel son opciones populares para el almacenamiento en frío. Al almacenar sus activos fuera de línea, los protege de vulnerabilidades en línea y posibles infracciones.

Hacer una copia de seguridad regular de su billetera es esencial para salvaguardar sus fondos. Las copias de seguridad deben incluir sus claves privadas o frases semilla. Almacene copias de seguridad en varias ubicaciones seguras, como discos duros externos o almacenamiento cifrado en la nube. Pruebe regularmente el proceso de restauración de la copia de seguridad para garantizar su eficacia.

La implementación de medidas de privacidad puede mejorar la seguridad y el anonimato de sus transacciones. Utilice criptomonedas centradas en la privacidad o emplee las funciones de privacidad que ofrecen billeteras específicas para proteger su historial de transacciones e información personal.

Asegurar su billetera de criptomonedas es un proceso continuo que requiere vigilancia constante y mantenerse informado sobre las últimas prácticas de seguridad. Infórmese sobre las amenazas emergentes y las medidas de seguridad en evolución para garantizar que su billetera permanezca segura frente a nuevos desafíos.

Capítulo III

Conceptos fundamentales de la inversión en criptomonedas

Capitalización bursátil y liquidez

La inversión en criptomonedas ha ganado una tracción significativa en los últimos años, ofreciendo nuevas oportunidades para los inversores en el espacio de los activos digitales. Al aventurarse en las criptomonedas, comprender la capitalización de mercado y la liquidez se vuelve crucial. Estas dos métricas juegan un papel vital en la evaluación del valor, la estabilidad y el potencial de inversión de las diferentes criptomonedas. Esta sección explorará los conceptos de capitalización de mercado y liquidez en la inversión en criptomonedas. Discutiremos sus definiciones, métodos de cálculo y su influencia en las estrategias de inversión. Al obtener una comprensión integral de la capitalización de mercado y la liquidez, los inversores pueden tomar decisiones bien informadas con confianza y navegar por el mercado de criptomonedas.

La capitalización de mercado es una métrica clave utilizada en el mercado de criptomonedas para evaluar el valor total y la importancia relativa de una criptomoneda. Se calcula multiplicando la cantidad disponible de monedas o tokens por el precio por unidad en el mercado actual. La capitalización de mercado proporciona una instantánea del tamaño y el valor relativo de la criptomoneda en el mercado. Comprender la capitalización de mercado es crucial para los inversores, ya que ofrece información sobre la prominencia y el valor percibido de una criptomoneda. Una mayor capitalización de mercado indica una criptomoneda bien establecida con una adopción generalizada y una fuerte presencia en el mercado. Por el contrario, la menor capitalización de mercado puede sugerir una criptomoneda emergente más pequeña con mayor volatilidad y oportunidades potenciales de crecimiento. Los inversores pueden evaluar los riesgos y recompensas potenciales asociados con diferentes criptomonedas y adaptar sus estrategias de inversión teniendo en cuenta la capitalización de mercado.

La liquidez juega un papel importante en la inversión en criptomonedas, ya que determina la facilidad con la que los inversores pueden comprar o vender una criptomoneda sin afectar significativamente su precio. Una alta liquidez indica un mercado robusto y activo en el que hay un volumen suficiente de compradores y vendedores. La liquidez es esencial para ejecutar operaciones de manera eficiente, minimizar el deslizamiento y administrar el riesgo de manera efectiva. Varias métricas se utilizan comúnmente para evaluar la liquidez de una criptomoneda, incluido el volumen de operaciones, el diferencial entre la oferta y la demanda y la profundidad del libro de órdenes. Los volúmenes de negociación más altos indican una mayor liquidez y actividad del mercado. Un diferencial entre la oferta y la demanda más pequeño significa condiciones de mercado más estrictas y una mayor liquidez. La cantidad y la cantidad de órdenes de compra y venta en varios niveles de precios se muestran mediante la profundidad del libro de órdenes, lo que indica un mercado líquido donde las operaciones se pueden completar de manera rápida y exitosa. La liquidez es una consideración fundamental para los inversores, ya que afecta directamente a la facilidad de compra o venta de criptomonedas y al posible impacto en los precios. La alta liquidez permite a los inversores entrar o salir de posiciones sin afectar significativamente al mercado. Permite un descubrimiento eficiente de precios y reduce el riesgo de manipulación de precios. Además, los mercados líquidos suelen ofrecer diferenciales de oferta y demanda más ajustados, lo que minimiza los costes de transacción y mejora la eficiencia general de las operaciones.

La capitalización de mercado y la liquidez juegan un papel integral en la configuración de las estrategias de inversión en el mercado de criptomonedas. Las criptomonedas de gran capitalización, caracterizadas por una alta capitalización de mercado y liquidez, suelen ser las preferidas por los inversores más conservadores. Estas criptomonedas, como Bitcoin y Ethereum, ofrecen estabilidad, una mayor aceptación del mercado y una menor volatilidad. Sirven como una base sólida para la diversificación de la cartera y, por lo general, se consideran una opción de inversión a largo plazo. Por otro lado, las criptomonedas de mediana y pequeña capitalización pueden ofrecer un mayor potencial de crecimiento, pero conllevan un mayor riesgo debido a su menor capitalización de mercado y liquidez. Invertir en activos de menor capitalización requiere una investigación exhaustiva y estrategias de gestión de riesgos para navegar por su mayor volatilidad de manera efectiva. La diversificación de la cartera es esencial en la inversión en criptomonedas, y equilibrar las inversiones entre criptomonedas con diferentes capitalizaciones de mercado y liquidez puede mejorar la gestión del riesgo y los rendimientos potenciales. Al combinar criptomonedas de gran capitalización para la estabilidad, criptomonedas de mediana capitalización para el potencial de crecimiento y criptomonedas de menor capitalización cuidadosamente seleccionadas, los inversores pueden lograr una cartera completa que equilibre el riesgo y la recompensa.

Varios factores influyen en la capitalización de mercado y la liquidez en el mercado de criptomonedas. El sentimiento y la adopción del mercado desempeñan un papel importante, ya que el sentimiento positivo del mercado impulsado por una mayor adopción y el interés institucional puede aumentar la capitalización y la liquidez del mercado. Los avances tecnológicos y la innovación dentro de un proyecto de criptomoneda también contribuyen a la capitalización de mercado y la liquidez. Los proyectos que introducen características novedosas, soluciones de escalabilidad o mejoran la seguridad y la privacidad a menudo atraen el interés de los inversores y contribuyen al crecimiento del mercado. Además, el entorno regulatorio que rodea a las criptomonedas afecta sustancialmente la capitalización de mercado y la liquidez. Las regulaciones claras y favorables pueden fomentar la confianza de los inversores, fomentar la participación institucional e impulsar el crecimiento del mercado. Por el contrario, la incertidumbre regulatoria o las regulaciones desfavorables pueden obstaculizar el desarrollo y la liquidez del mercado. Comprender estos factores y su influencia en la capitalización bursátil y la liquidez es esencial para que los inversores tomen decisiones informadas y adapten sus estrategias de inversión en consecuencia.

Dinámica de la oferta y la demanda

Invertir en criptomonedas es cada vez más común, pero hacerlo requiere una comprensión profunda de la dinámica de la oferta y la demanda. La interacción entre la oferta, que representa la cantidad disponible de una criptomoneda, y la demanda, que indica el nivel de interés y voluntad de adquirir esa criptomoneda, juega un papel fundamental en la determinación de su precio y comportamiento del mercado. Esta sección explorará la intrincada dinámica de la oferta y la demanda en la inversión en criptomonedas. Discutiremos los factores que influyen en la oferta y la demanda, su impacto en los precios de las criptomonedas y las implicaciones para las estrategias de inversión. Al comprender esta dinámica de manera integral, los inversores pueden tomar decisiones bien informadas y navegar con confianza por el mercado de criptomonedas.

El suministro de una criptomoneda se refiere al número total de monedas o tokens disponibles para su uso o circulación. La distribución de monedas está determinada por el protocolo subyacente o las reglas establecidas por el proyecto de criptomoneda. Las criptomonedas emplean varios mecanismos de suministro, incluidos suministros fijos, inflacionarios o deflacionarios. La oferta circulante representa la parte de la oferta total que se comercializa activamente en el mercado.

La minería es un proceso empleado por muchas criptomonedas, como Bitcoin, para crear nuevas monedas y mantener la seguridad de la red. Los mineros resuelven problemas matemáticos complejos, y los mineros exitosos son recompensados con monedas recién acuñadas. La tasa de emisión de monedas y la dificultad de la minería afectan directamente a la dinámica de suministro de una criptomoneda.

Tokenomics se refiere a los principios y reglas económicas que rigen una criptomoneda. La tokenómica suele incluir mecanismos como la quema de tokens, los bloqueos de tokens o la acuñación de tokens, que influyen en la dinámica de la oferta. Estos mecanismos están diseñados para controlar la inflación, crear escasez o regular la disponibilidad del token en el mercado.

El sentimiento de los inversores y el interés del mercado son importantes impulsores de la demanda de criptomonedas. El sentimiento positivo resultante de los avances tecnológicos, los desarrollos regulatorios o la adopción generalizada puede aumentar la demanda de una criptomoneda en particular. Por el contrario, el sentimiento negativo o los eventos adversos pueden conducir a una disminución de la demanda.

Los mercados de criptomonedas a menudo están impulsados por la actividad comercial especulativa, donde los inversores compran y venden criptomonedas esperando beneficiarse de los movimientos de precios. La especulación influye significativamente en la dinámica de la demanda, lo que lleva a un aumento de la presión de compra o de venta en función del sentimiento del mercado y las oportunidades de inversión percibidas.

La utilidad y las aplicaciones en el mundo real de una criptomoneda contribuyen a su dinámica de demanda. Las criptomonedas que ofrecen casos de uso prácticos, como facilitar transacciones transfronterizas, aplicaciones de finanzas descentralizadas (DeFi) o proporcionar funciones de privacidad, a menudo atraen la demanda de usuarios e inversores que buscan funcionalidades específicas.

La dinámica de la oferta y la demanda son factores fundamentales para determinar el precio de las criptomonedas. A medida que los compradores luchan por las pocas monedas que aún están disponibles cuando la demanda supera la oferta, los precios suelen aumentar. Por el contrario, los precios tienden a disminuir cuando la oferta supera la demanda, ya que los vendedores compiten para encontrar compradores. El equilibrio entre la oferta y la demanda establece el precio de mercado de una criptomoneda.

Los mercados de criptomonedas son conocidos por su alta volatilidad de precios, impulsada principalmente por los desequilibrios entre la oferta y la demanda. Los rápidos cambios en el sentimiento de los inversores, los cambios en el entorno normativo o los avances tecnológicos pueden dar lugar a importantes fluctuaciones de precios. Los inversores que comprenden la dinámica de la oferta y la demanda pueden predecir mejor los cambios de precios y controlar el riesgo.

La dinámica de la oferta y la demanda crea un bucle de retroalimentación en el mercado de criptomonedas. Los movimientos de los precios influyen en el sentimiento de los inversores, lo que, a su vez, afecta a la demanda. A medida que suben los precios, el optimismo de los inversores puede aumentar, lo que lleva a una mayor demanda. Por el contrario, la caída de los precios puede desencadenar el pesimismo de los inversores y disminuir la demanda. Este bucle de retroalimentación puede amplificar los movimientos de precios, creando tendencias y ciclos en el mercado de criptomonedas.

Comprender la dinámica de la oferta y la demanda es crucial para realizar un análisis fundamental en la inversión en criptomonedas. Al analizar los factores subyacentes que influyen en la oferta y la demanda, los inversores pueden evaluar el valor intrínseco de una criptomoneda y tomar decisiones de inversión informadas.

La dinámica de la oferta y la demanda puede informar sobre el momento de la inversión y las estrategias de entrada en el mercado. Identificar las criptomonedas con posibles limitaciones de oferta o con una demanda creciente puede presentar puntos de entrada favorables. El seguimiento del sentimiento del mercado y las tendencias de la demanda puede ayudar a los inversores a identificar los momentos óptimos para entrar o salir de las posiciones.

La dinámica de la oferta y la demanda puede influir en los horizontes y estrategias de inversión. Los inversores con una perspectiva a largo plazo pueden centrarse en las criptomonedas con fundamentos sólidos, anticipando un aumento de la demanda con el tiempo. A través de estrategias de trading activas, los traders a corto plazo pueden aprovechar los desequilibrios de la oferta y la demanda para beneficiarse de las fluctuaciones de precios.

Tener en cuenta la dinámica de la oferta y la demanda a la hora de construir una cartera de criptomonedas puede mejorar la diversificación. La combinación de criptomonedas con diferentes dinámicas de oferta e impulsores de la demanda puede ayudar a equilibrar el riesgo y potencialmente capturar oportunidades en diferentes condiciones de mercado.

Los avances tecnológicos y la innovación en los proyectos de criptomonedas pueden afectar la dinámica de la oferta y la demanda. Las mejoras en la escalabilidad, las características de privacidad o las mejoras en los servicios públicos pueden atraer una mayor demanda y tener un impacto positivo en los precios.

El entorno regulatorio y la adopción institucional determinan significativamente la dinámica de la oferta y la demanda. Las regulaciones claras y favorables pueden fomentar la confianza de los inversores y estimular la demanda. Del mismo modo, el aumento de la adopción institucional y la aceptación generalizada pueden impulsar la demanda de criptomonedas.

Los factores económicos y geopolíticos más amplios también pueden influir en la dinámica de la oferta y la demanda. La estabilidad financiera, las preocupaciones sobre la inflación o los acontecimientos políticos pueden afectar al sentimiento de los inversores y a la demanda de criptomonedas como activos alternativos.

Volatilidad y fluctuaciones de precios

La inversión en criptomonedas se ha convertido en una vía de inversión famosa y dinámica, que atrae a diversos inversores. Sin embargo, la volatilidad inherente al mercado de criptomonedas y las fluctuaciones de precios requieren una comprensión profunda de las estrategias de inversión exitosas. Esta sección explorará el concepto de volatilidad y fluctuaciones de precios en la inversión en criptomonedas. Discutiremos los factores que contribuyen a la volatilidad, las implicaciones para los inversores y las estrategias para navegar por este mercado dinámico. Los inversores pueden tomar decisiones bien informadas y gestionar el riesgo comprendiendo la naturaleza de la volatilidad y las fluctuaciones de precios.

La volatilidad se refiere al grado de variación en el precio de un activo durante un período específico. En las criptomonedas, la volatilidad es una característica destacada debido a varios factores. Estos factores incluyen el sentimiento y la manipulación del mercado, los desarrollos tecnológicos y el entorno regulatorio.

Los mercados de criptomonedas están muy influenciados por el sentimiento del mercado. Las noticias alegres, como el apoyo regulatorio o la adopción por parte de las principales instituciones, pueden alimentar el optimismo de los inversores e impulsar los precios al alza. Por el contrario, la información negativa o las incertidumbres pueden dar lugar al pesimismo del mercado y a la caída de los precios.

La liquidez relativamente baja del mercado de criptomonedas y la falta de regulación lo hacen susceptible a la manipulación del mercado. Actividades como los esquemas de bombeo y descarga o el comercio coordinado pueden inflar o desinflar artificialmente los precios, exacerbando la volatilidad y creando fluctuaciones de precios impredecibles.

Los avances tecnológicos dentro del ecosistema de las criptomonedas juegan un papel importante en la volatilidad de los precios. Las actualizaciones de los protocolos subyacentes, las vulnerabilidades de seguridad o las soluciones de escalabilidad pueden desencadenar movimientos rápidos de precios en función de la percepción del mercado sobre el valor y el impacto potencial de la tecnología.

El entorno regulatorio que rodea a las criptomonedas sigue evolucionando. Los cambios en la regulación o las intervenciones gubernamentales pueden introducir incertidumbres y afectar significativamente el sentimiento del mercado. Las regulaciones favorables pueden impulsar la confianza de los inversores y aumentar la apreciación de los precios, mientras que las medidas restrictivas pueden generar ventas masivas en todo el mercado.

La alta volatilidad de las criptomonedas tiene varias implicaciones para los inversores, lo que requiere una cuidadosa consideración y gestión del riesgo.

La volatilidad presenta tanto oportunidades como riesgos. Si bien las fluctuaciones de precios pueden generar ganancias sustanciales si se sincronizan correctamente, también corren el riesgo de pérdidas significativas si las inversiones no se administran de manera efectiva. Los inversores deben evaluar su tolerancia al riesgo y sus objetivos de inversión a la luz de la naturaleza volátil del mercado de criptomonedas.

Las oscilaciones extremas de precios en el mercado de criptomonedas pueden evocar fuertes emociones en los inversores. El miedo a perderse algo (FOMO, por sus siglas en inglés) puede llevar a los inversores a entrar en el mercado durante los períodos de rápida apreciación de los precios, mientras que el miedo y el pánico pueden conducir a ventas impulsivas durante las caídas del mercado. Las decisiones impulsadas por las emociones pueden obstaculizar las estrategias de inversión a largo plazo y dar lugar a resultados subóptimos.

La volatilidad de las criptomonedas también crea oportunidades de trading para los inversores con estrategias de trading a corto plazo. Los traders pueden tratar de capitalizar las fluctuaciones de precios mediante el empleo de análisis técnico, trading de apalancamiento o estrategias de arbitraje. Sin embargo, el trading activo requiere conocimientos, experiencia y una gestión diligente del riesgo para navegar con éxito por el volátil mercado.

Navegar por el volátil mercado de las criptomonedas requiere estrategias de gestión de riesgos bien pensadas y aprovechar las oportunidades.

Adoptar un enfoque de inversión a largo plazo puede ayudar a los inversores a mitigar el impacto de la volatilidad a corto plazo. Al centrarse en el valor fundamental de las criptomonedas, como la tecnología, el potencial de adopción y la demanda del mercado, los inversores pueden posicionarse para el crecimiento a largo plazo. Este enfoque requiere paciencia, resiliencia y un compromiso con el valor subyacente de las inversiones.

La diversificación es una estrategia clave de gestión de riesgos en mercados volátiles. Distribuir las inversiones entre diferentes criptomonedas, sectores industriales o clases de activos puede ayudar a mitigar el impacto de las fluctuaciones de precios individuales. La diversificación debe ir acompañada de una investigación exhaustiva y de la comprensión del perfil de riesgo-recompensa de cada inversión.

La implementación de estrategias sólidas de gestión de riesgos es crucial cuando se invierte en activos volátiles. El establecimiento de órdenes de stop-loss adecuadas, la definición de umbrales de riesgo y el uso de técnicas de dimensionamiento de posiciones pueden ayudar a limitar las pérdidas potenciales. Además, los inversores deben evitar invertir más de lo que pueden permitirse perder y mantener una perspectiva a largo plazo para evitar tomar decisiones impulsivas basadas en los movimientos de precios a corto plazo.

Llevar a cabo un análisis fundamental exhaustivo es esencial para identificar las criptomonedas con sólidos fundamentos subyacentes. La evaluación de factores como la tecnología, el potencial de mercado, la experiencia del equipo y los casos de uso del mundo real puede ayudar a los inversores a tomar decisiones de inversión informadas. El análisis fundamental proporciona una base sólida para las estrategias de inversión a largo plazo.

Se espera que la volatilidad observada en el mercado de criptomonedas disminuya a medida que el mercado madure y gane una mayor aceptación.

La madurez del mercado se anticipa a medida que el mercado de criptomonedas evoluciona y los marcos regulatorios se vuelven más definidos. El aumento de la participación institucional, la adopción generalizada y los avances tecnológicos contribuyen a la estabilización del mercado a lo largo del tiempo.

La volatilidad juega un papel crucial en el descubrimiento de precios y la eficiencia del mercado. Las fluctuaciones de precios permiten a los participantes del mercado evaluar el valor razonable de las criptomonedas en función de la dinámica de la oferta y la demanda. La alta volatilidad también puede proporcionar oportunidades de arbitraje, lo que conduce a mercados más eficientes a medida que los inversores capitalizan los diferenciales de precios.

Métricas clave para evaluar las criptomonedas

Con la proliferación de las criptomonedas, los inversores se enfrentan al reto de evaluar la amplia gama de opciones disponibles. Es esencial analizar las criptomonedas en función de métricas clave que proporcionen información sobre su valor potencial, estabilidad y perspectivas de crecimiento para tomar decisiones de inversión informadas. En esta sección, exploraremos las métricas clave para evaluar las criptomonedas. Discutiremos la importancia de cada métrica, cómo se calculan y sus implicaciones para las estrategias de inversión. Al comprender estas métricas, los inversores pueden evaluar de manera efectiva el potencial de inversión de diferentes criptomonedas y tomar decisiones bien informadas.

La capitalización de mercado es una métrica fundamental para evaluar las criptomonedas. Representa el valor total de una criptomoneda y proporciona información sobre su tamaño relativo e importancia dentro del mercado. La capitalización de mercado se calcula multiplicando la cantidad circulante de monedas o tokens por el precio de mercado actual por unidad. Una mayor capitalización de mercado indica una criptomoneda bien establecida con una adopción generalizada y una fuerte presencia en el mercado. Los inversores pueden considerar las criptomonedas con mayores capitalizaciones de mercado como más estables y potencialmente de menor riesgo. Sin embargo, es esencial tener en cuenta que la capitalización de mercado por sí sola no debe ser el único factor en las decisiones de inversión, ya que no tiene en cuenta el valor fundamental o el potencial de crecimiento de una criptomoneda.

El volumen de operaciones es una métrica clave que refleja el nivel de actividad de mercado de una criptomoneda. Representa el valor total de las operaciones ejecutadas durante un período específico, generalmente dentro de las 24 horas. Los volúmenes de negociación más altos indican una mayor liquidez e interés del mercado en una criptomoneda. El análisis del volumen de operaciones proporciona información sobre el nivel de dinámica de la demanda y la oferta y el sentimiento general del mercado. Los volúmenes de negociación más altos generalmente sugieren un mercado más líquido con mayores oportunidades de compra y venta. Los inversores a menudo consideran que las criptomonedas con mayores volúmenes de negociación son más atractivas debido a la facilidad de ejecución de operaciones y la posible eficiencia de precios. Sin embargo, es esencial considerar el volumen de operaciones junto con otras métricas para comprender la dinámica del mercado de una criptomoneda de manera integral.

Examinar el rendimiento del precio de una criptomoneda en diferentes períodos de tiempo es crucial para evaluar sus rendimientos históricos y su potencial crecimiento futuro. Las métricas de rendimiento de los precios, como los rendimientos diarios, semanales, mensuales o anuales, proporcionan información sobre la volatilidad y la rentabilidad potencial de una criptomoneda. Comparar el rendimiento del precio de una criptomoneda con otras criptomonedas o índices de referencia puede ayudar a los inversores a evaluar su fuerza relativa y su potencial para generar rendimientos. Sin embargo, es esencial tener en cuenta las condiciones y los factores más amplios del mercado que impulsan el rendimiento del precio y los riesgos específicos asociados a la criptomoneda objeto de evaluación.

El retorno de la inversión (ROI) es una métrica que cuantifica la rentabilidad de una inversión. Mide el porcentaje de ganancia o pérdida que genera una inversión durante un período específico. Calcular el ROI de una criptomoneda requiere comparar la inversión inicial con el valor actual, teniendo en cuenta los dividendos, las recompensas de participación o las ganancias de capital. El ROI permite a los inversores evaluar el rendimiento de la inversión en criptomonedas y compararlo con oportunidades de inversión alternativas. Sin embargo, es esencial tener en cuenta que el ROI histórico no garantiza el rendimiento futuro y debe considerarse junto con otras métricas y factores.

La actividad de desarrollo mide el nivel de innovación y progreso dentro de un proyecto de criptomoneda. Examina las confirmaciones de código, las actualizaciones, la participación de la comunidad y las contribuciones de los desarrolladores. La alta actividad de desarrollo sugiere un equipo de desarrollo activo y dedicado, mejoras continuas en la tecnología y potencial de crecimiento futuro. Los inversores a menudo consideran que las criptomonedas con una actividad de desarrollo vibrante tienen una mayor probabilidad de éxito y sostenibilidad a largo plazo. Sin embargo, es esencial realizar más investigaciones y considerar otras métricas para evaluar el impacto potencial de la actividad de desarrollo en el valor de una criptomoneda.

La participación de la comunidad mide la participación, el apoyo y el nivel de adopción dentro de la comunidad de criptomonedas. Incluye métricas como el tamaño de la comunidad, la presencia en las redes sociales, las discusiones activas y la participación en eventos comunitarios. Un fuerte compromiso de la comunidad indica una base de usuarios apasionados y dedicados que contribuyen al desarrollo y la adopción de la criptomoneda. Los inversores a menudo consideran que las criptomonedas con comunidades activas y de apoyo tienen un mayor potencial de crecimiento y una adopción generalizada. Sin embargo, es esencial evaluar la calidad y la naturaleza de la participación de la comunidad y la alineación de los objetivos de la comunidad con el éxito a largo plazo de la criptomoneda.

El análisis fundamental implica evaluar la tecnología subyacente, los casos de uso y el potencial de adopción de una criptomoneda. Examina la escalabilidad, la seguridad, la descentralización, la utilidad y las aplicaciones del mundo real de la tecnología. El análisis fundamental ayuda a los inversores a evaluar el valor intrínseco de una criptomoneda y sus perspectivas de crecimiento a largo plazo. Los inversores pueden identificar criptomonedas con sólidas bases tecnológicas y casos de uso prácticos que pueden impulsar la demanda y la adopción futuras mediante el análisis de los factores fundamentales.

Las consideraciones regulatorias y legales juegan un papel importante en la evaluación de las criptomonedas. Los inversores deben evaluar el entorno regulatorio en el que opera una criptomoneda, incluido el cumplimiento de las leyes y regulaciones aplicables. La claridad regulatoria y los marcos legales favorables pueden proporcionar un entorno propicio para el crecimiento y la adopción. Por el contrario, las incertidumbres regulatorias o las regulaciones desfavorables pueden introducir riesgos y obstaculizar el desarrollo de una criptomoneda. Los inversores deben considerar el panorama legal y regulatorio y el impacto potencial en el valor y la viabilidad a largo plazo de la criptomoneda.

Evaluar los riesgos potenciales asociados con una criptomoneda es esencial para la toma de decisiones informadas. El análisis de riesgos implica identificar y evaluar factores como la volatilidad del mercado, los riesgos tecnológicos, los riesgos regulatorios, las vulnerabilidades de seguridad, la gobernanza del proyecto y la competencia. Al realizar un análisis de riesgo integral, los inversores pueden evaluar las posibles desventajas y desafíos de invertir en una criptomoneda en particular. Este análisis ayuda a los inversores a tomar decisiones informadas e implementar estrategias de gestión de riesgos para proteger sus inversiones.

Capítulo IV

Construcción de una estrategia de inversión en criptomonedas

Enfoques de inversión a largo plazo frente a enfoques de inversión a corto plazo

Las criptomonedas han revolucionado el panorama de la inversión, ofreciendo a los inversores oportunidades únicas para participar en una clase de activos digitales en rápida evolución. Las personas pueden adoptar un enfoque a largo o corto plazo al invertir en criptomonedas. Cada método conlleva distintas ventajas y consideraciones que los inversores deben evaluar en función de sus objetivos de inversión, tolerancia al riesgo y horizonte temporal. Esta sección explorará los enfoques de inversión en criptomonedas a largo y corto plazo. Analizaremos las características, los beneficios y los desafíos de cada enfoque, proporcionando información para ayudar a los inversores a tomar decisiones informadas alineadas con sus objetivos de inversión.

La inversión en criptomonedas a largo plazo implica comprar y mantener criptomonedas durante un período prolongado, que generalmente se mide en años. Los inversores que adoptan este enfoque se centran en el crecimiento potencial de las criptomonedas y en la apreciación del valor a largo plazo. Su objetivo es capitalizar el potencial transformador de la tecnología cadena de bloques, la adopción del mercado y el desarrollo del ecosistema de criptomonedas.

Los inversores a largo plazo pueden beneficiarse de una apreciación sustancial de los precios a medida que las criptomonedas maduran y obtienen una adopción más amplia. Al mantener las inversiones durante períodos prolongados, los inversores pueden obtener ganancias significativas. Al utilizar la trayectoria de crecimiento a largo plazo del mercado de criptomonedas, esta estrategia permite a los inversores participar en la generación de riqueza a largo plazo.

La inversión a largo plazo permite a los inversores filtrar las fluctuaciones de precios a corto plazo y el ruido del mercado. Al adoptar una perspectiva más amplia, los inversores pueden evitar tomar decisiones impulsivas basadas en el sentimiento del mercado a corto plazo y centrarse en el valor subyacente y el potencial de crecimiento de las criptomonedas. Este enfoque fomenta una estrategia de inversión más paciente y disciplinada, que va más allá de la volatilidad diaria del mercado.

La inversión a largo plazo permite a los inversores realizar un análisis fundamental exhaustivo, evaluando la tecnología, los casos de uso, la experiencia del equipo y el potencial de mercado de las criptomonedas. Este análisis en profundidad ayuda a identificar criptomonedas con fundamentos sólidos, lo que aumenta la probabilidad de éxito a largo plazo. Los inversores a largo plazo tienen el lujo de disponer de tiempo, que pueden utilizar para explorar los detalles, evaluar el entorno del mercado y hacer juicios basados en un conocimiento profundo del potencial de inversión.

La paciencia y la convicción de los inversores a largo plazo pueden ponerse a prueba por la importante volatilidad que es común en los mercados de criptomonedas. Las fluctuaciones de precios y las caídas del mercado pueden poner a prueba la confianza de los inversores y requerir una perspectiva a largo plazo para capear las turbulencias del mercado a corto plazo. La capacidad de soportar la volatilidad inherente del mercado de criptomonedas es crucial para los inversores a largo plazo.

Algunas criptomonedas, particularmente aquellas en las primeras etapas de desarrollo, pueden tener una liquidez limitada. Esta falta de liquidez puede dificultar la compra o venta de grandes cantidades de criptomonedas, lo que puede afectar a la gestión y flexibilidad de la cartera. Los inversores a largo plazo deben tener en cuenta el perfil de liquidez de las criptomonedas en las que invierten, asegurándose de que pueden entrar y salir rápidamente de las posiciones cuando sea necesario.

El entorno regulatorio que rodea a las criptomonedas aún está evolucionando y las incertidumbres pueden introducir riesgos para los inversores a largo plazo. Los cambios en las regulaciones o las intervenciones gubernamentales pueden afectar el sentimiento del mercado y afectar la viabilidad a largo plazo de las criptomonedas. Los inversores a largo plazo deben mantenerse actualizados sobre los desarrollos regulatorios y evaluar las posibles implicaciones en sus inversiones.

El enfoque de inversión en criptomonedas a corto plazo implica la compra y venta de criptomonedas en un plazo relativamente corto, que a menudo se mide en días, semanas o meses. Los inversores a corto plazo, a menudo llamados traders, buscan beneficiarse de la volatilidad de los precios y capitalizar los movimientos de precios a corto plazo impulsados por el sentimiento del mercado, el análisis técnico y las estrategias de trading.

La inversión a corto plazo permite a los operadores aprovechar las fluctuaciones de precios a corto plazo y generar ganancias rápidas. Al monitorear activamente el mercado, ejecutar operaciones oportunas y emplear el análisis técnico, los traders tienen como objetivo capturar los movimientos de precios a corto plazo y beneficiarse de las ineficiencias del mercado. Este enfoque aprovecha la volatilidad de los precios a corto plazo para generar rendimientos en un plazo más corto.

La inversión a corto plazo ofrece flexibilidad con respecto a las estrategias de trading, lo que permite a los traders adaptarse a las condiciones cambiantes del mercado. Pueden ajustar rápidamente sus posiciones, entrar o salir de operaciones y capitalizar las tendencias emergentes o las oportunidades del mercado. Este enfoque permite a los operadores responder rápidamente a la evolución del mercado y adaptar sus estrategias en consecuencia.

Los traders a corto plazo suelen centrarse en criptomonedas con altos volúmenes de negociación y liquidez. Esto garantiza la facilidad de ejecución de sus operaciones, lo que les permite entrar o salir de posiciones de manera eficiente sin afectar significativamente los precios del mercado. La liquidez es crucial para los traders a corto plazo que deben ejecutar operaciones rápidamente para capitalizar las oportunidades de corta duración.

Cronometrar con éxito el mercado es un reto, incluso para los traders experimentados. Predecir con precisión los movimientos de precios a corto plazo requiere una comprensión profunda de las tendencias del mercado, el análisis técnico y el sentimiento del mercado. Un momento incorrecto puede resultar en pérdidas u oportunidades perdidas. Los traders a corto plazo deben poseer las habilidades, el conocimiento y la disciplina para analizar las condiciones del mercado y ejecutar operaciones en el momento adecuado.

La inversión a corto plazo puede ser emocionalmente exigente, ya que los traders necesitan tomar decisiones rápidas basadas en los movimientos del mercado. La toma de decisiones impulsada por las emociones puede conducir a un trading impulsivo, lo que puede afectar a la rentabilidad e introducir mayores riesgos. Los traders a corto plazo deben cultivar la disciplina y la resiliencia emocional para tomar decisiones objetivas basadas en sus estrategias de trading.

La inversión a corto plazo requiere una sólida comprensión del análisis técnico, las estrategias de trading y las técnicas de gestión de riesgos. Los traders necesitan educarse continuamente, refinar sus estrategias y adaptarse a las condiciones cambiantes del mercado. La competencia técnica es esencial para que los traders a corto plazo analicen gráficos de precios, identifiquen patrones y ejecuten operaciones de manera efectiva.

La inversión a corto plazo exige un compromiso de tiempo significativo, ya que los operadores deben monitorear activamente el mercado, analizar gráficos y ejecutar operaciones con prontitud. Requiere dedicación y esfuerzo continuo para mantenerse actualizado con los desarrollos del mercado. Los traders a corto plazo deben estar preparados para dedicar un tiempo y una energía considerables a sus actividades de trading.

Los inversores deben alinear el enfoque elegido con sus objetivos de inversión. La inversión a largo plazo puede ser adecuada para las personas que buscan una apreciación significativa del capital durante un período prolongado, mientras que la inversión a corto plazo puede ser adecuada para aquellos que buscan generar ganancias rápidas a través de estrategias comerciales activas. Comprender los objetivos de inversión personales es crucial para determinar el enfoque adecuado.

La tolerancia al riesgo desempeña un papel crucial a la hora de determinar el enfoque de inversión preferido. Los inversores a largo plazo con una mayor tolerancia al riesgo pueden ser más resistentes a las fluctuaciones de precios a corto plazo, mientras que los operadores a corto plazo deben sentirse cómodos con los riesgos potenciales asociados a los movimientos rápidos del mercado. Evaluar la tolerancia al riesgo es vital para que los inversores tomen decisiones informadas que se alineen con su nivel de comodidad.

La inversión a largo plazo requiere un seguimiento menos activo y un compromiso de tiempo menos en comparación con el trading a corto plazo. Los inversores con disponibilidad de tiempo limitado pueden encontrar más adecuado el enfoque a largo plazo, ya que permite una estrategia de inversión más directa. Los traders a corto plazo necesitan dedicar mucho tiempo a monitorear las tendencias del mercado, analizar gráficos y ejecutar operaciones de manera oportuna.

Independientemente del enfoque elegido, la diversificación de la cartera es importante. La diversificación en diferentes criptomonedas, clases de activos o estrategias de inversión puede ayudar a mitigar los riesgos y equilibrar los rendimientos potenciales. La diversificación es una técnica esencial de gestión de riesgos que permite a los inversores distribuir sus inversiones entre varios activos, reduciendo la exposición a cualquier criptomoneda.

Tanto los inversores a largo como los cortos plazos deben implementar estrategias sólidas de gestión de riesgos. Esto incluye el establecimiento de umbrales de riesgo, la diversificación de las inversiones, el uso de órdenes de stop-loss y el seguimiento continuo del rendimiento de la cartera. La gestión de riesgos es crucial para proteger los activos y minimizar las posibles pérdidas.

Diversificación y asignación de carteras

Las criptomonedas se han convertido en una clase de activos muy apreciada para las inversiones, con el potencial de obtener altos rendimientos, pero también con riesgos inherentes. Al igual que con cualquier inversión, la diversificación y la asignación de carteras desempeñan un papel crucial en la gestión del riesgo y la maximización de los rendimientos. Esta sección explorará el concepto de diversificación y asignación de carteras en criptomonedas. Discutiremos la importancia de la diversificación, los beneficios de la asignación de carteras, las estrategias para diversificar las carteras de criptomonedas y las consideraciones para una asignación efectiva de carteras. Al comprender estos principios, los inversores pueden construir carteras bien equilibradas y navegar con confianza por el volátil mercado de las criptomonedas.

La distribución del capital de inversión entre varios activos o clases de activos se conoce como diversificación y es un enfoque de gestión de riesgos. Al garantizar que los beneficios de otras inversiones compensen con creces las pérdidas de una de ellas, el principal objetivo de la diversificación es reducir el impacto de los acontecimientos negativos en la cartera en su conjunto. La diversificación se vuelve crucial en el contexto de las criptomonedas debido a la alta volatilidad e incertidumbre asociadas con esta clase de activos.

Uno de los principales beneficios de la diversificación es la mitigación de riesgos. Los inversores pueden disminuir su exposición a la volatilidad inherente de cualquier activo diversificando sus tenencias en una variedad de criptomonedas. Este enfoque ayuda a amortiguar el impacto de los movimientos adversos de los precios y estabiliza la cartera en general. Además, la diversificación permite a los inversores capturar el potencial alcista de múltiples criptomonedas. Si bien algunas criptomonedas pueden experimentar un crecimiento significativo, otras pueden tener un desempeño menos favorable. Al diversificar, los inversores aumentan sus posibilidades de beneficiarse de los ganadores y mitigar el impacto de los activos de bajo rendimiento.

Además, la diversificación proporciona exposición a diferentes factores del mercado. Las criptomonedas están influenciadas por varios factores, como los avances tecnológicos, los desarrollos regulatorios, el sentimiento del mercado y las tasas de adopción. Al diversificar en diferentes criptomonedas, los inversores pueden obtener exposición a estos diversos factores del mercado, reduciendo el riesgo de concentración en cualquier área en particular y capturando oportunidades que surgen de diversas dinámicas de mercado.

La asignación de carteras implica determinar la asignación óptima del capital de inversión entre los diferentes activos o clases de activos dentro de una cartera. Tiene en cuenta el apetito por el riesgo, los objetivos de inversión y las condiciones del mercado del inversor para construir una cartera bien equilibrada.

La asignación eficaz de carteras ofrece varias ventajas. En primer lugar, ayuda a gestionar el riesgo al diversificar las inversiones en diferentes criptomonedas. Al asignar inversiones a través de múltiples activos, los inversores pueden reducir su exposición a cualquier criptomoneda. Este enfoque ayuda a proteger la cartera de pérdidas significativas que pueden surgir del bajo rendimiento de un solo activo.

Otro beneficio de la asignación de carteras es la preservación del capital. Al asignar inversiones a diferentes criptomonedas con diferentes perfiles de riesgo, los inversores pueden proteger su capital de pérdidas sustanciales. Incluso si una criptomoneda experimenta una recesión, el rendimiento de otros activos de la cartera puede compensar esas pérdidas, proporcionando un nivel de estabilidad a la cartera general.

La asignación de carteras también tiene como objetivo optimizar los rendimientos mediante la asignación estratégica de capital a criptomonedas con alto potencial de crecimiento mientras se gestiona el riesgo. Al diversificar en varias criptomonedas, los inversores pueden capturar el potencial alcista de diferentes activos y optimizar los rendimientos generales de la cartera. Además, la asignación de carteras permite a los inversores aprovechar otras tendencias y oportunidades del mercado en el ecosistema de las criptomonedas.

Existen varias estrategias que los inversores pueden emplear para diversificar sus carteras de criptomonedas. Dos métodos comunes incluyen la diversificación por el número de criptomonedas y por segmentos de mercado.

Diversificar por el número de criptomonedas implica seleccionar un grupo central con fundamentos sólidos y potencial de crecimiento a largo plazo. Estas participaciones principales forman la base de la cartera, con una parte significativa del capital asignado a ellas. Además, los inversores pueden adoptar un enfoque de base amplia diversificando en una gama más amplia de criptomonedas. Este enfoque distribuye las inversiones entre múltiples activos, con porcentajes más pequeños asignados a cada criptomoneda. Esta estrategia permite la exposición a muchas criptomonedas y reduce la dependencia de un solo activo.

La diversificación por segmentos de mercado implica la asignación de inversiones en diferentes segmentos o sectores dentro del ecosistema de las criptomonedas. Este enfoque permite a los inversores obtener exposición a diversos sectores, como las finanzas, los juegos, las aplicaciones descentralizadas o la cadena de suministro. Al diversificar en diferentes sectores, los inversores pueden aprovechar las oportunidades de crecimiento potencial dentro de cada segmento y reducir el riesgo de concentración en una sola área.

La asignación eficaz de la cartera requiere una cuidadosa consideración de varios factores. Una consideración importante es la tolerancia al riesgo y los objetivos de inversión del inversor. Los inversores agresivos pueden asignar un mayor porcentaje de su cartera a criptomonedas con mayor potencial de crecimiento, mientras que los inversores conservadores pueden priorizar la preservación del capital y asignar una mayor parte a criptomonedas más estables. Es esencial alinear la estrategia de asignación de la cartera con el perfil de riesgo y los objetivos a largo plazo del inversor.

La investigación exhaustiva y la diligencia debida también son fundamentales en la asignación de carteras. Los inversores deben evaluar los fundamentos, la tecnología, las perspectivas del mercado y el panorama regulatorio de cada criptomoneda antes de tomar decisiones de asignación. Comprender los riesgos y recompensas potenciales de cada activo es vital para la toma de decisiones informadas.

El seguimiento y el reequilibrio periódicos de la cartera son esenciales para garantizar que la asignación se mantenga alineada con los objetivos de inversión. Los mercados de criptomonedas son muy dinámicos y las condiciones del mercado pueden cambiar rápidamente. Supervisar el rendimiento de la cartera y realizar los ajustes necesarios permite a los inversores adaptarse a las condiciones cambiantes del mercado y mantener una asignación bien equilibrada.

La implementación de técnicas de gestión de riesgos es otra
consideración crucial en la asignación efectiva de carteras.
Establecer órdenes de stop-loss, trailing stops o estrategias de
cobertura puede ayudar a proteger las inversiones y gestionar los
riesgos a la baja. La gestión de riesgos debe ser parte integral de la
asignación de carteras para garantizar la preservación del capital y
minimizar las pérdidas.

Análisis fundamental e investigación de criptomonedas

Es crucial utilizar métodos eficientes para analizar e investigar las
criptomonedas a medida que el mercado de las criptomonedas se
desarrolla y atrae a los inversores. El análisis fundamental
desempeña un papel vital en la comprensión del valor intrínseco de
las criptomonedas y las perspectivas a largo plazo. En esta sección,
exploraremos el concepto de análisis fundamental y su aplicación

en la investigación de criptomonedas. Hablaremos de la importancia del análisis fundamental, de los factores clave a tener en cuenta a la hora de evaluar las criptomonedas, de las metodologías de investigación y de las herramientas que ayudan en el proceso de investigación. Al emplear técnicas sólidas de análisis fundamental, los inversores pueden tomar decisiones informadas con confianza y navegar por el dinámico mercado de criptomonedas.

El análisis fundamental evalúa un activo de inversión en función de su valor intrínseco y de los factores subyacentes que impulsan su valor. En el contexto de las criptomonedas, el análisis fundamental implica evaluar varios aspectos, como la tecnología, el equipo, la adopción, la demanda del mercado y el entorno regulatorio para determinar el valor potencial y la viabilidad a largo plazo de una criptomoneda.

La importancia del análisis fundamental radica en su capacidad para identificar el valor y proporcionar una perspectiva a largo plazo. Al comprender los impulsores fundamentales del valor de una criptomoneda, los inversores pueden tomar decisiones informadas sobre su potencial de inversión. Los mercados de criptomonedas son conocidos por su volatilidad y fluctuaciones de precios a corto plazo, y el análisis fundamental ayuda a los inversores a centrarse en el valor intrínseco de una criptomoneda en lugar del sentimiento del mercado a corto plazo.

A la hora de evaluar las criptomonedas, hay que tener en cuenta varios factores clave. Estos factores proporcionan información sobre la tecnología, el equipo, la demanda del mercado, la competencia y el entorno regulatorio que rodea a una criptomoneda.

La tecnología y la innovación detrás de una criptomoneda son consideraciones cruciales. La evaluación de la tecnología subyacente, la escalabilidad, la seguridad, la velocidad de las transacciones y el mecanismo de consenso ayuda a determinar su valor potencial. Además, comprender el caso de uso y el potencial de adopción de una criptomoneda proporciona información sobre su aplicación en el mundo real y sus perspectivas de crecimiento.

El equipo y la comunidad detrás de una criptomoneda juegan un papel importante en su éxito. Evaluar los conocimientos y la experiencia del equipo de desarrollo, así como el tamaño y el compromiso de la comunidad, ayuda a evaluar la credibilidad y el potencial de la criptomoneda.

La demanda del mercado y la competencia también son factores importantes a tener en cuenta. El análisis del tamaño del mercado, la demanda potencial y el panorama competitivo proporciona información sobre el potencial de crecimiento y la sostenibilidad de una criptomoneda. Además, evaluar la ventaja competitiva de una criptomoneda, como las asociaciones, la propiedad intelectual o los avances tecnológicos, ayuda a determinar su éxito a largo plazo en un mercado competitivo.

El entorno regulatorio es otro aspecto crucial de la evaluación de las criptomonedas. Evaluar el cumplimiento normativo y la capacidad de una criptomoneda para adaptarse a la evolución de la normativa es importante para su viabilidad a largo plazo. El apoyo gubernamental y las iniciativas regulatorias también afectan la adopción y el potencial de crecimiento de las criptomonedas.

Se pueden emplear varias metodologías y herramientas para investigar y evaluar las criptomonedas de manera efectiva.

Un paso crucial en el proceso de investigación es ejercer la debida diligencia. La revisión del documento técnico del proyecto y otra documentación proporciona información sobre sus objetivos, tecnología y hoja de ruta. Además, la realización de una investigación de antecedentes sobre los miembros del equipo central y el consejo asesor ayuda a evaluar sus cualificaciones y experiencia.

El análisis técnico puede ayudar a evaluar las criptomonedas. El análisis de los datos históricos de precios, las tendencias y los patrones del mercado ayuda a identificar oportunidades y riesgos potenciales. Las herramientas de análisis técnico y los indicadores ayudan a tomar decisiones comerciales informadas. El seguimiento del sentimiento del mercado a través de plataformas de redes sociales, medios de comunicación y foros en línea proporciona información adicional sobre la percepción de los inversores.

Las métricas fundamentales son esenciales para evaluar las criptomonedas. La capitalización de mercado, que representa el valor general y el tamaño relativo dentro del mercado, proporciona información sobre la posición de una criptomoneda. Las métricas de adopción, como el número de carteras, los usuarios activos, el

volumen de transacciones y las asociaciones, ayudan a medir la
adopción y el uso en el mundo real.

Análisis técnico y patrones gráficos

El mundo de las criptomonedas es dinámico y volátil, por lo que es
esencial que los inversores cuenten con herramientas adecuadas
para comprender los movimientos de precios y tomar decisiones
comerciales informadas. El análisis técnico y los patrones gráficos
proporcionan información valiosa sobre el sentimiento del mercado,
las tendencias y los posibles puntos de entrada y salida. En esta
sección, exploraremos el concepto de análisis técnico y su
aplicación en el análisis de criptomonedas. Discutiremos la
importancia del análisis técnico, los principios e indicadores
fundamentales utilizados en el análisis de gráficos, los patrones de
gráficos comunes y las estrategias para utilizar el análisis técnico en
el comercio de criptomonedas. Al emplear técnicas sólidas de
análisis técnico, los inversores pueden mejorar su comprensión del
mercado de criptomonedas y mejorar sus resultados comerciales.

El análisis técnico es una técnica para evaluar las inversiones
utilizando datos de mercado y datos de precios anteriores. Se centra
en identificar patrones, tendencias e indicadores en los gráficos de
precios para predecir futuros movimientos de precios. En las
criptomonedas, el análisis técnico proporciona información sobre el
sentimiento del mercado, el comportamiento de los inversores y las
posibles tendencias de los precios.

La importancia del análisis técnico radica en su capacidad para
identificar las tendencias de los precios y los posibles puntos de

inflexión. Los inversores pueden tomar decisiones informadas sobre la compra, venta o tenencia de criptomonedas mediante el análisis de patrones históricos de precios y el uso de varios indicadores. El análisis técnico, conocido por su volatilidad y rápidos movimientos de precios, es especialmente útil en el mercado de criptomonedas.

El análisis técnico se basa en gran medida en las nociones de niveles de soporte y resistencia. El soporte es un nivel de precios en el que se prevé que los compradores ejerzan suficiente presión para evitar que el precio baje más. Por el contrario, la resistencia es un nivel de precios en el que se prevé que la presión de venta será lo suficientemente intensa como para evitar que el precio suba más. Estos niveles se identifican en función de los datos históricos de precios y pueden actuar como barreras o puntos de inflexión para el precio.

El análisis de tendencias es un aspecto esencial del análisis técnico. Implica identificar la dirección de la tendencia del precio y determinar si se trata de una tendencia alcista, bajista o lateral. El análisis de tendencias ayuda a los inversores a comprender el sentimiento general del mercado y a tomar decisiones que se alinean con la tendencia predominante.

Las medias móviles son indicadores ampliamente utilizados en el análisis técnico. Ayudan a suavizar las fluctuaciones de precios e identificar posibles tendencias. Las medias móviles simples (SMA) y las medias móviles exponenciales (EMA) son los dos tipos más populares de medias móviles. Los niveles de soporte y resistencia, los cambios de tendencia y los posibles puntos de entrada o salida se pueden encontrar utilizando medias móviles.

Los osciladores son indicadores que oscilan dentro de un rango específico, proporcionando información sobre las condiciones de sobrecompra o sobreventa. Ayudan a identificar posibles cambios de precios o agotamiento de tendencias. La convergencia de la media móvil, la divergencia, el índice de fuerza relativa y el oscilador estocástico son algunos ejemplos de osciladores comunes utilizados en el análisis técnico.

Los patrones de reversión indican un posible cambio en la tendencia predominante. Estos patrones a menudo ocurren después de una tendencia alcista o bajista prolongada y pueden proporcionar señales tempranas de cambios de tendencia. Algunos patrones de reversión comunes incluyen los siguientes:

Cabeza y hombros, este patrón consta de tres picos, con el pico medio (la cabeza) más alto que los otros dos (los hombros). Sugiere un posible cambio de tendencia de alcista a bajista.

Doble techo y doble fondo, estos patrones ocurren cuando el precio alcanza un nivel de resistencia dos veces (doble techo) o un nivel de soporte dos veces (doble fondo) sin romperse. Indican un posible cambio de tendencia.

Los patrones de continuación indican una pausa temporal en la tendencia predominante, seguida de una reanudación de la tendencia. Estos patrones sugieren que el mercado está recuperando el aliento antes de continuar en la misma dirección. Algunos patrones de continuación comunes son los siguientes:

Las banderas y los banderines son patrones de consolidación a corto plazo que se producen después de un movimiento significativo del precio. Por lo general, indican una continuación de la tendencia existente.

Las líneas de tendencia convergentes, que representan un período de consolidación, forman el patrón de triángulo simétrico. Una ruptura de este patrón puede conducir a una continuación de la tendencia anterior.

Las estrategias de seguimiento de tendencias implican identificar y operar en la dirección de la tendencia predominante. Los traders pueden utilizar medias móviles, líneas de tendencia y otros indicadores de tendencia para identificar y confirmar tendencias, e introducir operaciones en consecuencia. Este enfoque busca aprovechar el impulso del mercado y mantener la tendencia hasta que comience a revertirse.

El trading de ruptura implica entrar en una operación cuando el precio rompe por encima de un nivel de resistencia o por debajo de un nivel de soporte. Los traders pueden utilizar patrones gráficos como triángulos o rectángulos y análisis de volumen para identificar posibles rupturas y aprovechar el impulso de los precios. El trading de ruptura tiene como objetivo capturar los movimientos de precios significativos que se producen después de los períodos de consolidación.

Los niveles de soporte y resistencia son ampliamente utilizados en el análisis técnico. Los traders pueden entrar en operaciones cuando el precio rebota en un nivel de soporte o rompe un nivel de resistencia, utilizando estos niveles como áreas para establecer órdenes de stop-loss u objetivos de take-profit. El trading de soporte y resistencia tiene como objetivo beneficiarse de la tendencia del precio a revertirse o estancarse en niveles clave.

Capítulo V

Herramientas esenciales para la inversión en criptomonedas

Noticias y fuentes de información sobre criptomonedas

Las criptomonedas operan rápidamente, con condiciones y tendencias del mercado que evolucionan rápidamente. Mantenerse informado es crucial para los inversores, traders y entusiastas que buscan navegar por este panorama dinámico. Las fuentes de noticias e información sobre criptomonedas sirven como canales vitales para proporcionar información actualizada, análisis de mercado e información relevante. En esta sección, exploraremos la importancia de las noticias y fuentes de información sobre criptomonedas, discutiremos los diferentes tipos de fuentes disponibles y examinaremos los factores a considerar al evaluar su confiabilidad. Al comprender la importancia de estas fuentes y emplear una evaluación crítica, las personas pueden mantenerse bien informadas y tomar decisiones informadas en el acelerado mundo de las criptomonedas.

Las fuentes de noticias sobre criptomonedas ofrecen información y análisis valiosos sobre las tendencias del mercado, los patrones emergentes y los eventos notables dentro de la industria. Al mantenerse actualizado con las últimas noticias, las personas pueden comprender mejor el mercado de criptomonedas, el sentimiento de los inversores y los factores que influyen en los movimientos de precios. Estos conocimientos permiten a los inversores y operadores tomar decisiones informadas y ajustar sus estrategias en consecuencia.

La industria de las criptomonedas opera dentro de un panorama regulatorio complejo, con regulaciones que varían según las jurisdicciones. Las fuentes de noticias sobre criptomonedas son fundamentales para proporcionar actualizaciones sobre los cambios regulatorios, los desarrollos legales y las políticas gubernamentales que afectan a la industria. Mantenerse informado sobre estas actualizaciones ayuda a las personas a navegar por los requisitos de cumplimiento, anticiparse a los cambios normativos y gestionar los riesgos asociados de forma eficaz.

Las criptomonedas se basan en tecnología de vanguardia, y mantenerse informado sobre los últimos avances e innovaciones es crucial. Las fuentes de noticias proporcionan actualizaciones sobre desarrollos tecnológicos, actualizaciones de protocolos y nuevos proyectos. Al mantenerse al día con los avances tecnológicos, las personas pueden evaluar el impacto potencial de criptomonedas específicas, comprender la tecnología subyacente y evaluar la viabilidad a largo plazo de los proyectos.

Los sitios web y blogs de noticias sobre criptomonedas son fuentes primarias de noticias, artículos y análisis. Estas plataformas cubren varios temas, incluidas las tendencias del mercado, las actualizaciones regulatorias, los desarrollos de la industria y las noticias específicas del proyecto. Algunos ejemplos destacados son CoinDesk, CoinTelegraph y Bitcoin.com. Los sitios web y blogs de noticias a menudo emplean periodistas experimentados y expertos de la industria para proporcionar información confiable y perspicaz.

Las plataformas de redes sociales se han convertido en canales populares para compartir noticias e información sobre criptomonedas. Los grupos de Twitter, Reddit y Telegram brindan espacios para que las personas compartan noticias e ideas y discutan sobre criptomonedas. Sin embargo, es esencial tener precaución y verificar la información obtenida a través de las redes sociales, ya que la desinformación y los rumores pueden circular fácilmente.

Los documentos técnicos y la documentación del proyecto sirven como fuentes invaluables para aquellos que buscan información detallada sobre criptomonedas específicas y proyectos de cadena de bloques. Los documentos técnicos describen los objetivos de un proyecto, los fundamentos tecnológicos, los casos de uso y la tokenómica. La revisión de los documentos técnicos permite a las personas evaluar la legitimidad y el potencial de un proyecto de criptomoneda en función de sus aspectos técnicos y fundamentos subyacentes.

Los foros y comunidades en línea dedicados a las criptomonedas proporcionan plataformas para las discusiones, el intercambio de conocimientos y la participación de la comunidad. Dichas comunidades incluyen Bitcointalk, r/crypto de Reddit y varios grupos de Telegram. Estas plataformas ofrecen información valiosa, diferentes perspectivas y oportunidades para aprender de miembros experimentados de la comunidad.

Evaluar la credibilidad y la experiencia de las fuentes de noticias sobre criptomonedas es esencial. Las fuentes confiables emplean a periodistas, analistas y expertos de la industria experimentados que realizan investigaciones y análisis exhaustivos. Es importante buscar información de fuentes conocidas por su precisión, profesionalismo y compromiso con la información imparcial.

Obtener información de diversas fuentes es fundamental para comprender de manera integral el mercado de criptomonedas. Confiar únicamente en una fuente de noticias puede dar lugar a perspectivas sesgadas o a información incompleta. La consulta de múltiples fuentes permite a las personas comparar información, validar afirmaciones y desarrollar una perspectiva más completa.

Dada la naturaleza descentralizada de las criptomonedas, la desinformación y los rumores pueden propagarse rápidamente. Es imperativo verificar la información antes de confiar en ella para la toma de decisiones. Las referencias cruzadas de información a través de múltiples fuentes confiables, la verificación de anuncios oficiales y la realización de investigaciones independientes ayudan a garantizar la precisión y confiabilidad de la información obtenida.

La información objetiva e independiente es una característica fundamental de las fuentes de noticias confiables. Evaluar si una fuente de noticias mantiene la independencia editorial y evita conflictos de intereses es crucial. La transparencia con respecto a las afiliaciones, asociaciones y patrocinios es esencial para determinar la credibilidad e integridad de la información proporcionada.

Plataformas y herramientas analíticas

En el mundo de las criptomonedas, la toma de decisiones basada en datos es vital para invertir con éxito. Las plataformas y herramientas analíticas proporcionan a los inversores información valiosa, análisis de mercado e indicadores técnicos para respaldar sus estrategias de inversión. Estas plataformas ofrecen varias funciones, incluidos datos en tiempo real, análisis histórico de precios, seguimiento de carteras y capacidades avanzadas de gráficos. En esta sección, exploraremos la importancia de las plataformas y herramientas analíticas en la inversión en criptomonedas, discutiremos los diferentes tipos de plataformas y herramientas disponibles, examinaremos sus características y beneficios clave y profundizaremos en su papel en la mejora de los resultados de inversión. Los inversores pueden mejorar sus posibilidades de éxito en el dinámico y cambiante mercado de las criptomonedas utilizando estos recursos en su beneficio y haciendo juicios bien informados.

En el ámbito de las criptomonedas, donde las condiciones del mercado cambian rápidamente, las plataformas y herramientas analíticas sirven como recursos indispensables para los inversores. Estas plataformas permiten a los inversores tomar decisiones basadas en datos y conocimientos al proporcionarles acceso a datos en tiempo real, estudios de mercado e indicaciones técnicas. Este enfoque basado en datos aumenta la probabilidad de obtener resultados de inversión exitosos y permite a los inversores navegar por el panorama siempre cambiante de las criptomonedas.

Las plataformas analíticas ofrecen datos en tiempo real de varios exchanges de criptomonedas, proporcionando a los inversores información actualizada sobre precios, volúmenes de operaciones, libros de órdenes y tendencias del mercado. Estos datos permiten a los inversores monitorear las condiciones del mercado en tiempo real, identificar tendencias emergentes y reaccionar rápidamente a los movimientos del mercado. Además, estas plataformas proporcionan análisis de mercado, incluidas actualizaciones de noticias, opiniones de expertos y análisis de sentimientos, que ayudan a los inversores a comprender el sentimiento predominante del mercado y tomar decisiones informadas.

Las herramientas analíticas proporcionan varios indicadores técnicos y herramientas de gráficos, lo que permite a los inversores realizar análisis técnicos. Los inversores pueden identificar patrones, tendencias y posibles puntos de entrada y salida mediante el análisis de datos históricos de precios y la aplicación de indicadores técnicos. Estas herramientas mejoran la capacidad de tomar decisiones comerciales oportunas y capitalizar las oportunidades del mercado. Además, las funciones avanzadas de gráficos permiten a los inversores visualizar los movimientos de precios, realizar un seguimiento de los niveles de soporte y resistencia, y realizar un análisis en profundidad de los gráficos de precios de las criptomonedas.

Las plataformas y herramientas analíticas ofrecen capacidades de seguimiento de carteras, lo que permite a los inversores monitorear el rendimiento de sus inversiones en criptomonedas. Estas herramientas proporcionan información sobre el valor de la cartera, la asignación de activos, el rendimiento histórico y el retorno de la inversión. Al realizar un seguimiento del rendimiento de la cartera, los inversores pueden evaluar la eficacia de sus estrategias de inversión, identificar áreas de mejora y tomar decisiones basadas en datos para optimizar sus carteras.

Las plataformas de datos del mercado de criptomonedas se agregan y proporcionan datos en tiempo real de varios exchanges de criptomonedas. Estas plataformas ofrecen datos de mercado completos, incluidos precios, volúmenes de negociación, capitalización de mercado y datos históricos de criptomonedas. Algunos ejemplos de plataformas populares de datos del mercado de criptomonedas son CoinMarketCap, CoinGecko y CryptoCompare. Para los inversores que buscan información precisa y actualizada sobre el mercado de las criptomonedas, estos servicios son fuentes de referencia.

Las plataformas de análisis técnico proporcionan capacidades avanzadas de gráficos, indicadores técnicos y herramientas de reconocimiento de patrones. Estas plataformas permiten a los inversores realizar análisis técnicos en profundidad y generar señales comerciales. Ofrecen características como diseños de gráficos personalizables, superposición de múltiples indicadores y estrategias de trading de backtesting. Algunos ejemplos destacados de plataformas de análisis técnico son TradingView, Coinigy y CryptoCompare. Estas plataformas permiten a los inversores analizar los movimientos de precios, identificar tendencias y tomar decisiones comerciales informadas.

Las herramientas de gestión de carteras permiten a los inversores realizar un seguimiento y gestionar sus carteras de criptomonedas. Estas herramientas proporcionan funciones como el seguimiento del valor de la cartera en tiempo real, el análisis del rendimiento y la información sobre la asignación de activos. Ayudan a los inversores a supervisar el rendimiento de su cartera, identificar los activos de bajo rendimiento y reequilibrar sus carteras según sea necesario. Entre las herramientas de gestión de carteras más destacadas se encuentran Blockfolio, Delta y CoinStats. Estas herramientas agilizan el proceso de gestión de carteras y ofrecen una visión completa de las tenencias de un inversor.

Las herramientas de análisis de sentimientos y escucha social monitorean y analizan las plataformas de redes sociales, los artículos de noticias y las discusiones en línea sobre criptomonedas. Estas herramientas evalúan el sentimiento y la opinión pública en torno a criptomonedas específicas o al mercado en general. Al medir el sentimiento, los inversores pueden obtener información sobre los cambios en el sentimiento del mercado, anticipar posibles movimientos del mercado y tomar decisiones basadas en datos. Algunos ejemplos destacados de herramientas de análisis de sentimientos son Santiment, The TIE y LunarCRUSH.

Las plataformas y herramientas analíticas ofrecen capacidades de visualización de datos que permiten a los inversores interpretar datos complejos con mayor facilidad. Al presentar los datos en cuadros, gráficos y cuadros de mando visualmente atractivos, estas herramientas facilitan una mejor comprensión de las tendencias, los patrones y las relaciones del mercado. La información derivada de estas visualizaciones ayuda a los inversores a identificar oportunidades y tomar decisiones de inversión informadas.

Las plataformas y herramientas analíticas ayudan a los inversores a gestionar el riesgo al proporcionar funciones como alertas de precios, órdenes de stop-loss y herramientas de evaluación de riesgos. Las alertas de precios notifican a los inversores cuando se alcanza un umbral de precio específico, lo que permite la toma de decisiones oportuna. Las órdenes de stop-loss activan automáticamente una orden de venta cuando se alcanza un nivel de precio predeterminado, lo que limita las pérdidas potenciales. Las herramientas de evaluación de riesgos proporcionan información sobre la exposición al riesgo de la cartera, lo que permite a los inversores ajustar sus estrategias en consecuencia y mitigar los riesgos.

Las herramientas analíticas facilitan el desarrollo de estrategias y el backtesting, lo que permite a los inversores evaluar la eficacia de sus estrategias de trading utilizando datos históricos de precios. Estas herramientas permiten a los inversores probar diversas estrategias, identificar puntos óptimos de entrada y salida y refinar sus enfoques. Al realizar backtesting de estrategias, los inversores ganan confianza en sus planes de trading y aumentan la probabilidad de obtener rendimientos constantes.

Las plataformas y herramientas analíticas suelen ofrecer recursos educativos, tutoriales y comunidades donde los inversores pueden aprender, compartir conocimientos y colaborar con otros entusiastas de las criptomonedas. Estos recursos proporcionan información valiosa, consejos de trading y noticias del sector. Interactuar con la comunidad fomenta el aprendizaje, mejora las habilidades de inversión y ayuda a los inversores a mantenerse actualizados con los últimos desarrollos en el mercado de criptomonedas.

Aplicaciones y software de comercio de criptomonedas

Las criptomonedas han creado nuevas oportunidades para que los inversores participen en la economía digital. A medida que crece la demanda de criptomonedas, también lo hace la necesidad de aplicaciones y software de trading fáciles de usar y ricos en funciones. Estas herramientas brindan a los inversores un acceso conveniente a los mercados de criptomonedas, datos en tiempo real, funcionalidades comerciales y capacidades de gestión de carteras. En esta sección, exploraremos la importancia de las aplicaciones y el software de comercio de criptomonedas, discutiremos los diferentes tipos de aplicaciones y software disponibles, examinaremos sus características y beneficios clave y evaluaremos su papel en la facilitación del comercio de criptomonedas. Al aprovechar estas herramientas, los inversores pueden navegar por el mercado de criptomonedas de manera eficiente y efectiva.

La llegada de las aplicaciones y el software de comercio de criptomonedas ha revolucionado la forma en que los inversores se relacionan con el mercado de criptomonedas. Estas herramientas ofrecen varias ventajas que contribuyen a su importancia en el comercio de criptomonedas.

Las aplicaciones y el software de comercio de criptomonedas permiten a los inversores operar en cualquier momento y en cualquier lugar. Estas herramientas se pueden instalar en teléfonos inteligentes, tabletas o computadoras, lo que permite a los usuarios acceder fácilmente a los mercados de criptomonedas. Esta accesibilidad garantiza que los inversores puedan capitalizar las oportunidades del mercado con prontitud y supervisar sus carteras en tiempo real, mejorando su experiencia de trading.

Una de las ventajas significativas de las aplicaciones y el software de trading es la provisión de datos en tiempo real y análisis de mercado. Estas herramientas ofrecen a los inversores acceso a información actualizada sobre las tendencias del mercado, los movimientos de precios y los volúmenes de negociación. Al acceder a datos precisos y oportunos, los inversores pueden tomar decisiones comerciales informadas, identificar posibles oportunidades de mercado y ajustar sus estrategias en consecuencia.

Las aplicaciones y el software de comercio de criptomonedas ofrecen una gama de funcionalidades comerciales que facilitan experiencias comerciales fluidas. Los inversores pueden emplear una variedad de órdenes, como órdenes de mercado, limitadas y de stop-loss, para entrar o salir de posiciones. Estas funcionalidades permiten a los inversores implementar sus estrategias comerciales de manera efectiva y eficiente.

La gestión eficaz de la cartera es crucial en el comercio de criptomonedas. Las aplicaciones y el software de trading suelen ofrecer funciones de gestión de carteras que permiten a los inversores realizar un seguimiento del rendimiento de sus tenencias de criptomonedas. Estas herramientas ofrecen información sobre el valor de la cartera, la asignación de activos, el rendimiento histórico y el retorno de la inversión. Al monitorear sus carteras en tiempo real, los inversores pueden evaluar la efectividad de sus estrategias de inversión y tomar decisiones basadas en datos.

Las aplicaciones y el software de comercio de criptomonedas vienen en varias formas, cada una de las cuales se adapta a las diferentes preferencias y requisitos de los inversores.

Las aplicaciones de trading móvil están diseñadas específicamente para teléfonos inteligentes y tabletas, lo que permite a los inversores operar con criptomonedas sobre la marcha. Estas aplicaciones ofrecen una interfaz fácil de usar, datos de mercado en tiempo real, funcionalidades de negociación y funciones de gestión de carteras. Algunos ejemplos de aplicaciones de trading móvil populares son Binance, Coinbase y eToro. Las aplicaciones de trading móvil permiten a los inversores supervisar los mercados, ejecutar operaciones y gestionar fácilmente sus carteras, mejorando su experiencia de trading.

El software de trading de escritorio proporciona una experiencia de trading integral, ofreciendo capacidades avanzadas de gráficos, indicadores técnicos y funciones personalizables. Estas aplicaciones de software, como MetaTrader 4 (MT4) y TradingView, atienden a traders experimentados que requieren capacidades avanzadas de gráficos y análisis. El software de trading de escritorio permite a los inversores realizar un análisis técnico en profundidad, desarrollar estrategias de trading y ejecutar operaciones sin problemas.

Las plataformas de trading basadas en la web ofrecen una opción conveniente para el trading de criptomonedas sin necesidad de instalar software. Se puede acceder a estas plataformas a través de navegadores web, lo que brinda a los usuarios una interfaz fácil de usar, datos de mercado en tiempo real y funcionalidades comerciales. Algunos ejemplos de plataformas de trading populares basadas en la web son Binance Web, Kraken y Bitfinex. Las plataformas basadas en la web permiten a los inversores operar con criptomonedas a través de múltiples dispositivos sin la molestia de la instalación de software.

El software de trading automatizado, también conocido como crypto bots o robots de trading, emplea algoritmos y reglas predefinidas para ejecutar operaciones automáticamente en nombre de los usuarios. Estas herramientas analizan las condiciones del mercado, identifican las señales comerciales y ejecutan operaciones basadas en criterios predeterminados. Algunos ejemplos de software de trading automatizado más populares son 3Commas, HaasOnline y Cryptohopper. El software de comercio automatizado permite a los inversores operar con criptomonedas las 24 horas del día, los 7 días de la semana y aprovechar las oportunidades del mercado, incluso cuando no pueden monitorear activamente el mercado.

Las aplicaciones y el software de comercio de criptomonedas ofrecen varias características y beneficios clave que mejoran la experiencia comercial de los inversores.

Las aplicaciones y el software de trading suelen ofrecer interfaces de usuario intuitivas que se adaptan tanto a los traders novatos como a los experimentados. Las interfaces fáciles de usar permiten a los inversores navegar fácilmente por la plataforma, acceder a diversas funcionalidades y ejecutar operaciones con confianza. La facilidad de uso mejora la experiencia comercial general y fomenta una participación más amplia en los mercados de criptomonedas.

Las aplicaciones y el software de trading proporcionan a los inversores datos de mercado en tiempo real, incluidos gráficos de precios, volúmenes de trading e información del libro de órdenes. Estos datos permiten a los inversores tomar decisiones informadas basadas en información de mercado precisa y actualizada. Muchas aplicaciones y software también ofrecen herramientas avanzadas de gráficos, indicadores técnicos y funciones de análisis de mercado para apoyar el proceso de toma de decisiones de los traders.

Las aplicaciones y el software de comercio de criptomonedas ofrecen varios tipos de órdenes comerciales, como órdenes de mercado, órdenes limitadas y órdenes de stop-loss. Estos tipos de órdenes permiten a los inversores ejecutar operaciones a los niveles de precios deseados y gestionar el riesgo de forma eficaz. Las órdenes de stop-loss ayudan a limitar las pérdidas potenciales vendiendo o comprando activos automáticamente cuando los precios alcanzan niveles predeterminados. Estas características permiten a los inversores implementar estrategias de gestión de riesgos y proteger su capital.

La seguridad y la privacidad son consideraciones críticas en el comercio de criptomonedas. La protección de los activos y la información personal de los clientes es una prioridad para las aplicaciones y el software de comercio de criptomonedas. La autenticación de dos factores (2FA), los protocolos de cifrado y el almacenamiento en frío de fondos se implementan para garantizar la seguridad de los activos de los usuarios. Las funciones de privacidad, como el comercio seudónimo y la protección de datos, protegen la identidad y la información personal de los usuarios.

Las aplicaciones y el software de comercio de criptomonedas facilitan el comercio de criptomonedas y mejoran la participación en el mercado.

Las aplicaciones y el software de trading proporcionan a los inversores acceso directo a los exchanges de criptomonedas, ofreciendo una amplia gama de pares de trading y liquidez. Estas herramientas permiten a los inversores participar en los mercados de criptomonedas y aprovechar los movimientos de precios y las oportunidades comerciales.

Las aplicaciones y el software de comercio de criptomonedas permiten a los inversores implementar diversas estrategias de negociación, como el comercio diario, el swing trading y la inversión a largo plazo. Estas herramientas facilitan la ejecución de la estrategia a través de la colocación de órdenes, la ejecución y las funcionalidades de seguimiento. Los inversores pueden establecer parámetros y criterios específicos para las operaciones, lo que permite una ejecución automatizada basada en reglas predefinidas.

Las aplicaciones y el software de trading ayudan a los inversores a diversificar sus carteras de criptomonedas y a gestionar sus activos de forma eficaz. Al proporcionar funciones de gestión de carteras, estas herramientas permiten a los inversores realizar un seguimiento del rendimiento de las carteras, analizar la asignación de activos y reequilibrar sus carteras según sea necesario. La diversificación de la cartera y la gestión eficaz de los activos son elementos esenciales para el éxito de la inversión a largo plazo.

Medidas de seguridad y mejores prácticas

Las criptomonedas han ganado una gran popularidad como forma alternativa de inversión. Sin embargo, la naturaleza descentralizada y digital de las criptomonedas también expone a los inversores a diversos riesgos de seguridad. Para garantizar la seguridad de sus inversiones, los inversores en criptomonedas deben implementar medidas de seguridad sólidas y seguir las mejores prácticas. En esta sección, exploraremos la importancia de las medidas de seguridad en la inversión en criptomonedas, discutiremos los diferentes tipos de riesgos de seguridad involucrados, examinaremos las mejores prácticas para asegurar las criptomonedas y destacaremos el papel de la seguridad en la protección de las inversiones. Al adherirse a estas medidas y prácticas, los inversores pueden minimizar los riesgos y salvaguardar sus tenencias de criptomonedas de manera efectiva.

Las criptomonedas presentan desafíos de seguridad únicos para los inversores debido a su naturaleza digital y su infraestructura descentralizada. La implementación de medidas de seguridad es esencial para proteger las inversiones de posibles amenazas.

Las criptomonedas son vulnerables a la piratería y los ataques cibernéticos debido a las posibles vulnerabilidades de seguridad en los intercambios, billeteras y otras plataformas. La implementación de medidas de seguridad sólidas ayuda a minimizar el riesgo de acceso no autorizado a los fondos y mitiga la posible pérdida de fondos debido a incidentes de piratería.

El ecosistema de las criptomonedas no es inmune al fraude y las estafas. Los inversores deben tener cuidado con los intentos de phishing, las ICO (Ofertas Iniciales de Monedas) fraudulentas y los esquemas Ponzi que tienen como objetivo engañar y defraudar a personas desprevenidas. Al adoptar las medidas de seguridad adecuadas, los inversores pueden protegerse de ser víctimas de este tipo de estafas y actividades fraudulentas.

Las claves privadas son cruciales para acceder y administrar las tenencias de criptomonedas. Si las claves privadas se ven comprometidas o se pierden, los inversores pueden perder permanentemente el acceso a sus fondos. La implementación de medidas de seguridad garantiza el almacenamiento seguro y la copia de seguridad de las claves privadas, salvaguardando la capacidad de los inversores para controlar y administrar sus criptomonedas de manera efectiva.

La inversión en criptomonedas implica varios riesgos de seguridad que los inversores deben conocer y contra los que deben tomar precauciones.

Los intercambios de criptomonedas son objetivos populares para los piratas informáticos debido a las grandes cantidades de fondos que se encuentran en sus billeteras calientes. Las prácticas de seguridad débiles, las medidas de ciberseguridad inadecuadas y las amenazas internas pueden provocar infracciones, lo que resulta en la pérdida de fondos de los clientes. Los inversores deben ser cautelosos a la hora de seleccionar los exchanges y tener en cuenta factores como los protocolos de seguridad, el cumplimiento normativo y los incidentes de seguridad pasados.

Las billeteras de criptomonedas, tanto basadas en hardware como en software, son susceptibles a varios riesgos. Las billeteras de software pueden verse comprometidas por malware, keyloggers o ataques de phishing, mientras que las billeteras de hardware pueden ser vulnerables al robo físico o la manipulación. Es esencial elegir proveedores de billeteras de buena reputación, usar autenticación

multifactor (MFA) y mantener las billeteras y el software
actualizados con los últimos parches de seguridad.

Los ataques de ingeniería social, como el phishing y el intercambio
de SIM, se dirigen a las personas para obtener acceso no autorizado
a sus tenencias de criptomonedas. Por medio de correos
electrónicos o sitios web falsos, los ataques de phishing intentan
engañar a las personas para que revelen sus claves privadas o
información de inicio de sesión. El intercambio de SIM consiste en
transferir de forma fraudulenta el número de teléfono de una
víctima para obtener acceso a códigos de autenticación de dos
factores. Los inversores deben estar atentos, tener precaución al
interactuar con plataformas en línea y evitar hacer clic en enlaces
sospechosos o proporcionar información confidencial sin la
verificación adecuada.

La implementación de las mejores prácticas de seguridad de
criptomonedas es crucial para proteger las inversiones y minimizar
los riesgos de seguridad.

La creación de contraseñas seguras y únicas para billeteras y
plataformas de criptomonedas es esencial. Se debe usar la
combinación correcta de letras mayúsculas y minúsculas, números
y caracteres especiales para las contraseñas. Además, habilitar la
autenticación de dos factores (2FA) agrega una capa adicional de
seguridad al requerir un paso de verificación adicional, como un
código generado en un dispositivo móvil, para acceder a las
cuentas.

El almacenamiento en frío se refiere al almacenamiento de las tenencias de criptomonedas fuera de línea, lejos de los dispositivos conectados a Internet. Las billeteras de hardware, las billeteras de papel y las soluciones de almacenamiento fuera de línea ofrecen una seguridad mejorada al mantener las claves privadas fuera de línea, lo que reduce el riesgo de acceso no autorizado a través de piratería o malware. El almacenamiento en frío se recomienda especialmente para tenencias a largo plazo y cantidades significativas de criptomonedas.

Mantener actualizadas las billeteras de criptomonedas, las plataformas comerciales y otro software es crucial. Las actualizaciones suelen incluir parches de seguridad que resuelven vulnerabilidades y aumentan la seguridad general del software. La actualización periódica del software y el firmware garantiza que los inversores se beneficien de las últimas mejoras y protecciones de seguridad.

Los inversores deben llevar a cabo una diligencia debida exhaustiva antes de comprometerse con cualquier exchange de criptomonedas o proveedor de billeteras. Es esencial investigar la reputación, los protocolos de seguridad, el cumplimiento normativo y el historial de cualquier plataforma. Encontrar proveedores de servicios confiables y seguros puede ser más fácil leyendo reseñas y pidiendo referencias de fuentes creíbles.

Los inversores deben educarse continuamente sobre las últimas mejores prácticas de seguridad en el espacio de las criptomonedas. Mantenerse informado sobre las amenazas de seguridad actuales, los vectores de ataque emergentes y las nuevas funciones de seguridad puede ayudar a los inversores a adaptar sus medidas de seguridad en consecuencia. Los inversores pueden proteger de forma proactiva sus tenencias de criptomonedas de los riesgos de seguridad en evolución manteniéndose informados.

La implementación de medidas de seguridad sólidas protege las tenencias individuales de criptomonedas y contribuye a la integridad y reputación general del ecosistema de criptomonedas.

Al priorizar la seguridad, los inversores contribuyen a la confianza general en el mercado de criptomonedas. Cuando los inversores se sienten seguros en sus inversiones, es más probable que participen activamente, lo que en última instancia beneficia a todo el ecosistema.

La implementación de medidas de seguridad ayuda a prevenir incidentes de seguridad e intentos de piratería que podrían tener un impacto perjudicial en la estabilidad del mercado de criptomonedas. Al salvaguardar sus inversiones, los inversores contribuyen a la estabilidad y resiliencia generales del mercado.

Las sólidas medidas de seguridad se alinean con los requisitos reglamentarios y ayudan a los inversores en criptomonedas a cumplir con las obligaciones legales. Muchas jurisdicciones imponen normas relacionadas con la seguridad a las empresas de criptomonedas para proteger a los inversores y evitar actividades ilícitas. El cumplimiento de estas normas garantiza que los inversores cumplan con las normativas aplicables.

Capítulo VI

Gestión del riesgo en
la inversión en criptomonedas

Identificación y mitigación de riesgos comunes

La inversión en criptomonedas ofrece interesantes oportunidades para que los inversores participen en la economía digital y obtengan rendimientos significativos. Sin embargo, es crucial reconocer que las inversiones en criptomonedas conllevan riesgos inherentes. Para navegar con éxito por este mercado volátil, los inversores deben comprender e identificar los riesgos comunes de la inversión en criptomonedas. Además, la implementación de estrategias efectivas de mitigación de riesgos es esencial para salvaguardar las inversiones y optimizar los rendimientos potenciales. Esta sección explorará los riesgos clave en la inversión en criptomonedas, discutirá estrategias para identificar y evaluar estos riesgos y destacará las mejores prácticas para mitigarlos. Al comprender y abordar de manera proactiva estos riesgos, los inversores pueden mejorar su proceso de toma de decisiones y proteger sus inversiones en criptomonedas.

La inversión en criptomonedas implica varios riesgos que los inversores deben tener en cuenta y tener en cuenta a la hora de tomar decisiones de inversión.

Las criptomonedas son conocidas por su alta volatilidad, con precios que experimentan fluctuaciones significativas en períodos cortos. Esta volatilidad puede resultar en ganancias o pérdidas sustanciales para los inversores. Comprender y gestionar el riesgo de volatilidad es crucial para navegar con éxito por el mercado de las criptomonedas.

Las criptomonedas operan en un panorama regulatorio en rápida evolución. Los cambios regulatorios, las incertidumbres legales y las intervenciones gubernamentales pueden afectar el valor y la viabilidad de las criptomonedas. Los inversores deben mantenerse informados sobre los desarrollos regulatorios y evaluar el impacto potencial en sus inversiones.

Las criptomonedas son activos digitales que pueden ser vulnerables a violaciones de seguridad e intentos de piratería. Las medidas de seguridad débiles, los exchanges o billeteras comprometidos y los ataques de ingeniería social plantean riesgos significativos para los inversores. La implementación de medidas de seguridad sólidas y la adopción de las mejores prácticas son esenciales para salvaguardar las inversiones.

Las inversiones en criptomonedas a menudo involucran contrapartes, como intercambios, billeteras u otros proveedores de servicios. El riesgo de fraude, insolvencia o fallos operativos asociados a estas contrapartes puede afectar a los fondos de los inversores. Llevar a cabo la debida diligencia y elegir proveedores de servicios de buena reputación y confianza ayuda a mitigar el riesgo de contraparte.

La liquidez de las criptomonedas varía significativamente entre las diferentes monedas y exchanges. La baja liquidez puede provocar la manipulación de los precios, el deslizamiento durante las operaciones y la dificultad para ejecutar grandes transacciones. Los inversores deben tener en cuenta el riesgo de liquidez a la hora de seleccionar las criptomonedas y los exchanges para sus inversiones.

La investigación exhaustiva es primordial para identificar y evaluar los riesgos en la inversión en criptomonedas. Los inversores deben estudiar los fundamentos de las criptomonedas, incluida su tecnología subyacente, la demanda del mercado, los equipos de desarrollo y las asociaciones. Además, llevar a cabo la debida diligencia en exchanges, billeteras y otros proveedores de servicios ayuda a evaluar su reputación, medidas de seguridad y cumplimiento normativo.

El análisis técnico implica el estudio de gráficos de precios, volúmenes de negociación e indicadores de mercado para identificar patrones y tendencias. Ayuda a los inversores a evaluar el sentimiento del mercado, los movimientos de precios y los posibles puntos de entrada o salida. El análisis técnico proporciona información valiosa para evaluar y gestionar los riesgos de forma eficaz.

El análisis fundamental se centra en evaluar el valor intrínseco de las criptomonedas mediante la evaluación de factores como la utilidad del proyecto, el potencial de adopción, la competencia y la viabilidad a largo plazo. Este análisis ayuda a los inversores a identificar riesgos y oportunidades en función de los fundamentos subyacentes de una criptomoneda.

Los inversores pueden utilizar marcos de evaluación de riesgos para evaluar y priorizar los riesgos en sus inversiones en criptomonedas. Estos marcos implican la evaluación de la probabilidad y el impacto potencial de varios riesgos y el desarrollo de estrategias de mitigación de riesgos en consecuencia. Algunos ejemplos de marcos de evaluación de riesgos son el análisis DAFO (Fortalezas, Debilidades, Oportunidades, Amenazas) y el análisis PESTEL (Político, Económico, Social, Tecnológico, Ambiental, Legal).

La diversificación de las inversiones en criptomonedas en diferentes monedas, sectores y regiones geográficas es una

estrategia fundamental de mitigación de riesgos. La distribución de
las inversiones reduce la exposición a los riesgos asociados con las
criptomonedas individuales y aumenta el potencial de ganancias a
largo plazo.

La implementación de estrategias efectivas de gestión de riesgos es
crucial en la inversión en criptomonedas. El establecimiento de
órdenes de stop-loss ayuda a limitar las pérdidas potenciales al
activar automáticamente la venta de una criptomoneda si alcanza un
nivel de precio predeterminado. Esto garantiza que los inversores
puedan salir de las posiciones antes de que se produzcan pérdidas
sustanciales.

Asegurar las criptomonedas es primordial para proteger las
inversiones de la piratería y el robo. El uso de billeteras de
hardware, soluciones de almacenamiento fuera de línea y el
seguimiento de las mejores prácticas para la administración de
contraseñas y la autenticación de dos factores (2FA) ayudan a
garantizar la seguridad de las tenencias de criptomonedas.

Los mercados y riesgos de las criptomonedas evolucionan
rápidamente. Los inversores deben mantenerse informados,
aprender continuamente y monitorear la evolución del mercado.
Mantenerse al día con las noticias, las tendencias de la industria y
los cambios regulatorios permite a los inversores adaptar sus
estrategias y responder a los riesgos emergentes de manera efectiva.

Comprender los ciclos y las tendencias del mercado

La inversión en criptomonedas ofrece interesantes oportunidades para que los inversores participen en un mercado en rápida evolución. Sin embargo, para tomar decisiones de inversión informadas, es crucial comprender los ciclos y tendencias del mercado que influyen en los precios de las criptomonedas. Al comprender estos ciclos y tendencias, los inversores pueden navegar mejor por el volátil mercado de criptomonedas y optimizar sus estrategias de inversión. En esta sección, exploraremos el concepto de ciclos de mercado, discutiremos las diferentes fases dentro de estos ciclos, analizaremos los factores que impulsan las tendencias de las criptomonedas y destacaremos la importancia de comprender los ciclos del mercado para invertir con éxito en criptomonedas.

Los ciclos de mercado se refieren a los patrones y fases repetitivos en los mercados financieros, incluidas las criptomonedas. Estos ciclos se caracterizan por períodos de expansión, pico, contracción y valle, e influyen en los movimientos de precios y en el sentimiento de los inversores dentro del mercado.

El mercado de criptomonedas exhibe un comportamiento cíclico debido a varios factores, incluida la psicología de los inversores, la adopción del mercado, los desarrollos regulatorios y los avances tecnológicos. Comprender la naturaleza cíclica del mercado es crucial para que los inversores identifiquen oportunidades potenciales y gestionen el riesgo de manera efectiva.

La fase de acumulación marca el comienzo de un nuevo ciclo de mercado, en el que los precios suelen estar en su punto más bajo y el sentimiento de los inversores es pesimista. Durante esta fase, los inversores informados comienzan a acumular criptomonedas a precios atractivos, anticipando un aumento futuro de los precios.

La fase de margen de beneficio sigue a la fase de acumulación y se caracteriza por un aumento significativo del precio de las criptomonedas. Las noticias positivas, el aumento de la demanda del mercado y el aumento de la confianza de los inversores impulsan la fase de márgenes. Los precios suben constantemente y el sentimiento alcista domina el mercado.

La fase de distribución se produce cuando los precios alcanzan un pico y el mercado se sobrecompra. Esta fase está marcada por una disminución de la presión de compra y la aparición de actividades de toma de beneficios. Los inversores de dinero inteligente comienzan a vender sus tenencias, lo que lleva a una caída gradual de los precios.

La fase de rebajas representa una disminución significativa de los precios después de la fase de distribución. Las noticias negativas, el aumento de la presión de venta y un cambio en el sentimiento de los inversores contribuyen a la fase de rebajas. Los precios caen, lo que a menudo conduce a ventas de pánico y a una mayor depreciación de los precios.

El sentimiento de los inversores juega un papel crucial en el impulso de las tendencias de las criptomonedas. El sentimiento

positivo, impulsado por los avances tecnológicos, la claridad
regulatoria y la adopción del mercado, puede conducir a una
tendencia alcista. Por el contrario, el sentimiento negativo, causado
por violaciones de seguridad, incertidumbre regulatoria o
manipulación del mercado, puede desencadenar una tendencia
bajista.

La adopción de criptomonedas para diversas aplicaciones y casos
de uso del mundo real puede tener un impacto significativo en sus
tendencias. El aumento de la adopción por parte de particulares,
empresas e inversores institucionales puede hacer subir los precios.
Por el contrario, la falta de adopción o el sentimiento negativo hacia
casos de uso específicos pueden obstaculizar el crecimiento de los
precios.

Los avances tecnológicos en criptomonedas, como los nuevos
algoritmos de consenso, las soluciones de escalabilidad o las
mejoras de privacidad, pueden influir en las tendencias del
mercado. Las tecnologías innovadoras que abordan las limitaciones
existentes o mejoran la funcionalidad pueden atraer el interés de los
inversores e impulsar tendencias positivas.

Los desarrollos regulatorios y las políticas gubernamentales tienen
un impacto sustancial en las tendencias de las criptomonedas. La
claridad y las regulaciones favorables a menudo contribuyen a las
tendencias positivas, ya que infunden confianza en los inversores.
Por el contrario, las regulaciones restrictivas o las incertidumbres
regulatorias pueden conducir a tendencias negativas y volatilidad
del mercado.

Comprender los ciclos del mercado ayuda a los inversores a identificar posibles oportunidades de inversión. Al reconocer las diferentes fases de los ciclos de mercado, los inversores pueden tomar decisiones informadas, como acumular activos durante la fase de acumulación y tomar beneficios durante la fase de distribución.

El conocimiento de los ciclos del mercado permite a los inversores gestionar el riesgo de forma eficaz y evitar la toma de decisiones emocionales. Al reconocer los patrones típicos de los ciclos del mercado, los inversores pueden establecer expectativas realistas, evitar perseguir los movimientos de precios y tomar decisiones de inversión racionales basadas en las tendencias del mercado.

Comprender los ciclos del mercado es esencial para desarrollar estrategias de inversión a largo plazo. Los inversores pueden alinear sus horizontes y estrategias de inversión con las diferentes fases de los ciclos de mercado. Las estrategias a largo plazo pueden implicar la acumulación de activos durante la fase de acumulación y su mantenimiento durante toda la fase de márgenes, mientras que las estrategias a corto plazo pueden centrarse en capitalizar los movimientos de precios más cortos dentro de los ciclos.

Establecimiento de órdenes de stop-loss y take-profit

La inversión en criptomonedas presenta oportunidades lucrativas para que los inversores capitalicen la volatilidad de los activos digitales y los rendimientos potenciales. Sin embargo, navegar por el mercado de las criptomonedas puede ser un reto debido a su volatilidad inherente y a los movimientos impredecibles de los precios. Los inversores deben utilizar herramientas eficaces de gestión de riesgos para gestionar el riesgo y proteger las inversiones. Establecer órdenes de stop-loss y take-profit es una estrategia ampliamente utilizada en la inversión en criptomonedas que ayuda a los inversores a limitar las pérdidas potenciales y asegurar las ganancias. En esta sección, exploraremos el concepto de órdenes de stop-loss y take-profit, discutiremos su importancia en la gestión de riesgos, analizaremos los factores a considerar al establecer estas órdenes y destacaremos las mejores prácticas para utilizarlas de manera efectiva en la inversión en criptomonedas.

Un inversor puede utilizar una orden de stop-loss, una herramienta de gestión de riesgos, para vender automáticamente una criptomoneda cuando su precio alcanza un umbral específico. Limita las pérdidas potenciales activando una orden de mercado para vender el activo si su precio cae por debajo de un umbral especificado.

Las órdenes de stop-loss ayudan a proteger las inversiones al minimizar las pérdidas potenciales durante las caídas del mercado o las caídas repentinas de los precios. Proporcionan a los inversores un punto de salida predeterminado, lo que garantiza que las posiciones se cierren automáticamente cuando el precio alcance un nivel específico, incluso si no pueden monitorear el mercado activamente. Las órdenes de stop-loss ofrecen tranquilidad, ya que proporcionan un enfoque proactivo para la gestión de riesgos.

Las órdenes de stop-loss son esenciales para gestionar el riesgo y controlar las emociones en la inversión en criptomonedas. Ayudan a los inversores a evitar la toma de decisiones emocionales, como mantener posiciones perdedoras con la esperanza de una reversión del precio. Al establecer órdenes de stop-loss, los inversores tienen un plan predefinido que mitiga las pérdidas potenciales y elimina los sesgos emocionales de su estrategia de inversión.

La preservación del capital es un aspecto crítico de una inversión exitosa. Las órdenes de stop-loss protegen el capital limitando las pérdidas potenciales. Se aseguran de que los inversores salgan de las posiciones perdedoras antes de que se produzcan pérdidas significativas, preservando su capital para utilizarlo en otras oportunidades de inversión.

El mercado de las criptomonedas es conocido por su volatilidad, que puede crear estrés y carga psicológica para los inversores. El establecimiento de órdenes de stop-loss alivia esta carga al proporcionar una red de seguridad y un plan claro para gestionar el riesgo a la baja. El conocimiento de que sus posiciones se cerrarán automáticamente si el mercado se mueve en su contra da a los inversores más confianza en sus inversiones.

Una orden de toma de ganancias es una herramienta de gestión de riesgos que permite a los inversores vender automáticamente una criptomoneda cuando su precio alcanza un nivel de ganancias predeterminado. Está diseñado para asegurar ganancias mediante la activación de una orden de mercado para vender el activo cuando su precio alcanza un objetivo específico.

Las órdenes de toma de ganancias permiten a los inversores asegurar ganancias y capitalizar los movimientos de precios favorables. Proporcionan un enfoque sistemático para asegurar ganancias mediante la venta automática de una criptomoneda cuando su precio alcanza un nivel de ganancias predeterminado. Las órdenes de toma de ganancias ayudan a los inversores a evitar el escollo común de mantener posiciones ganadoras durante demasiado tiempo, lo que podría perder oportunidades para asegurar ganancias.

El nivel de volatilidad en el mercado de criptomonedas debe tenerse en cuenta al establecer órdenes de stop-loss y take-profit. Las criptomonedas altamente volátiles pueden requerir márgenes más amplios de stop-loss y take-profit para tener en cuenta las fluctuaciones de precios, mientras que las criptomonedas menos volátiles pueden requerir márgenes más estrechos.

El apetito por el riesgo y la estrategia de inversión de los inversores son cruciales para determinar los niveles adecuados para las órdenes de stop-loss y take-profit. Los inversores agresivos con una mayor tolerancia al riesgo pueden establecer niveles más estrictos de stop-loss y take-profit, con el objetivo de obtener ganancias más rápidas. Por el contrario, los inversores conservadores pueden elegir márgenes más amplios para fluctuaciones de precios más significativas.

El análisis técnico y fundamental puede proporcionar información sobre los niveles de precios potenciales para establecer órdenes de stop-loss y take-profit. El análisis técnico implica el estudio de gráficos, patrones e indicadores de precios para identificar los niveles de soporte y resistencia. El análisis fundamental tiene en cuenta las tendencias del mercado, los eventos noticiosos y los fundamentos del proyecto para evaluar el potencial de los movimientos de precios.

Establecer niveles realistas de stop-loss y take-profit es crucial para evitar la activación de órdenes innecesarias debido a pequeñas fluctuaciones de precios. Los inversores deben tener en cuenta la volatilidad del mercado, los movimientos históricos de los precios y los indicadores de análisis técnico para establecer niveles que sean alcanzables y estén alineados con sus objetivos de gestión de riesgos e inversión.

El mercado de las criptomonedas es dinámico y puede experimentar rápidos movimientos de precios. Es esencial que los inversores revisen y ajusten regularmente sus órdenes de stop-loss y take-profit para asegurarse de que siguen siendo relevantes y reflejan las condiciones actuales del mercado. Esta práctica permite a los inversores adaptar sus órdenes en función de las tendencias emergentes y la dinámica de los precios.

Las órdenes de trailing stop-loss son una variación de las órdenes de stop-loss tradicionales que permiten a los inversores establecer un umbral dinámico. El nivel de stop-loss se ajusta automáticamente a medida que aumenta el precio de una criptomoneda, quedando efectivamente "a la zaga" del precio en alza. Las órdenes de trailing stop-loss ayudan a los inversores a asegurar las ganancias al tiempo que permiten un potencial alcista adicional si el precio continúa subiendo.

Lidiar con el FUD (miedo, incertidumbre y duda)

La inversión en criptomonedas es una empresa emocionante y potencialmente lucrativa, que ofrece oportunidades para participar en la economía digital y lograr rendimientos significativos. Sin embargo, el mercado de las criptomonedas también es conocido por su volatilidad y susceptibilidad al FUD (miedo, incertidumbre y duda). FUD se refiere a la difusión de información negativa o rumores que pueden desencadenar miedo e incertidumbre entre los inversores, lo que lleva a ventas de pánico y a una toma de decisiones irracional. Para navegar con éxito por el mercado de las criptomonedas, los inversores deben aprender a identificar y gestionar el FUD de forma eficaz. En esta sección, exploraremos el concepto de FUD en la inversión en criptomonedas, discutiremos su impacto en el sentimiento del mercado, analizaremos estrategias para lidiar con FUD y destacaremos la importancia de mantener un enfoque racional e informado para invertir.

FUD se refiere a la difusión de información negativa, rumores o declaraciones engañosas destinadas a crear miedo, incertidumbre y dudas entre los inversores. El FUD se puede difundir a través de varios canales, incluidas las redes sociales, los medios de comunicación, los foros en línea e incluso el boca a boca.

El FUD puede afectar significativamente el sentimiento del mercado en el espacio de las criptomonedas. Puede crear una sensación de pánico entre los inversores, lo que lleva a una mayor presión de venta y caídas de precios. El FUD también puede contribuir a aumentar la volatilidad del mercado y obstaculizar el crecimiento y la adopción de las criptomonedas.

La investigación exhaustiva y la diligencia debida son esenciales para combatir el FUD. Los inversores deben verificar la exactitud y credibilidad de la información antes de tomar decisiones de inversión. Escudriñar la fuente de información, hacer referencias cruzadas de múltiples fuentes fiables y tener en cuenta los fundamentos a largo plazo de una criptomoneda puede ayudar a los

inversores a diferenciar entre las preocupaciones legítimas y el
FUD infundado.

Confiar en fuentes de información confiables y de buena reputación
es crucial para filtrar el FUD. Los inversores deben seguir a los
medios de comunicación creíbles, a los expertos de la industria y a
los proyectos de criptomonedas respetados. Esto ayuda a garantizar
que la información recibida sea confiable, esté bien informada y se
base en un análisis de hechos.

Desarrollar habilidades de pensamiento crítico es vital para evaluar
y desacreditar el FUD. Los inversores deben analizar críticamente
la información, evaluar su validez y considerar los posibles sesgos o
motivaciones detrás de la propagación de narrativas negativas. Los
inversores pueden hacer juicios sabios basados en hechos, no en
emociones, con la ayuda de un enfoque lógico y racional.

Cuando nos enfrentamos a FUD, es esencial evaluar el impacto
potencial en los fundamentos de una criptomoneda. Evaluar si la
información negativa afecta la viabilidad a largo plazo, el potencial
de adopción o la utilidad del proyecto puede proporcionar
información valiosa. Centrarse en la tecnología subyacente, el
equipo de desarrollo, las asociaciones y los casos de uso del mundo
real ayuda a los inversores a medir el impacto del FUD en el valor
de la criptomoneda.

Comprometerse con la comunidad de criptomonedas y participar en
discusiones constructivas puede ayudar a los inversores a obtener
diversas perspectivas y contrarrestar el FUD. Compartir ideas,

hacer preguntas y buscar aclaraciones de personas con conocimientos puede proporcionar una comprensión más amplia del mercado y ayudar a disipar temores infundados.

Manejar las emociones es crucial cuando se trata de FUD. Los inversores deben mantener un enfoque racional y disciplinado, evitando reacciones impulsivas a las noticias negativas o a las fluctuaciones del mercado. La toma de decisiones emocionales puede llevar a ventas de pánico o a comprar a precios inflados, lo que dificulta el éxito de la inversión a largo plazo.

Mantener una perspectiva a largo plazo es esencial para superar el FUD a corto plazo. Los mercados de criptomonedas son conocidos por su volatilidad, y las fluctuaciones de precios a corto plazo deben verse en el contexto de la trayectoria más amplia del mercado. Centrarse en los fundamentos a largo plazo y en los objetivos de inversión ayuda a los inversores a mantenerse resilientes durante las turbulencias del mercado inducidas por el FUD.

Mantenerse informado y aprender continuamente sobre las criptomonedas es crucial para combatir el FUD. Informarse sobre la tecnología, las tendencias del mercado y los desarrollos regulatorios ayuda a los inversores a comprender mejor la dinámica del mercado. El aprendizaje continuo también mejora la capacidad de discernir entre las preocupaciones genuinas y el FUD.

Las estrategias eficaces de gestión de riesgos pueden ayudar a los inversores a capear las fluctuaciones del mercado inducidas por el

FUD. El establecimiento de órdenes de stop-loss, la diversificación de las inversiones y la asignación de una parte adecuada de la cartera a las criptomonedas son prácticas esenciales de gestión de riesgos. Estas estrategias brindan protección contra posibles pérdidas, al tiempo que permiten a los inversores capitalizar el crecimiento del mercado a largo plazo.

Capítulo VII

Criptomonedas populares
y su potencial de inversión

Bitcoin (BTC): el pionero de las criptomonedas

La llegada de Bitcoin (BTC) en 2009 marcó el comienzo de una era revolucionaria en la industria financiera. Bitcoin allanó el camino para un nuevo método de transacción y almacenamiento de valor como la primera moneda digital descentralizada. Su impacto ha sido profundo, provocando un movimiento global hacia las criptomonedas e inspirando el desarrollo de miles de activos digitales. En esta sección, profundizaremos en los orígenes de Bitcoin, exploraremos su tecnología subyacente, analizaremos su impacto en el panorama financiero, discutiremos sus ventajas y limitaciones, y examinaremos su potencial futuro.

Bitcoin se presentó al mundo a través de un documento técnico escrito por un individuo o grupo anónimo conocido como Satoshi Nakamoto. Un documento técnico con el título "Bitcoin: Un sistema de efectivo electrónico peer-to-peer", describió los principios y conceptos detrás de la innovadora criptomoneda.

Una de las características clave de Bitcoin es su naturaleza descentralizada. A diferencia de las monedas tradicionales que dependen de autoridades centrales como bancos o gobiernos, Bitcoin opera en una red peer-to-peer, lo que permite transacciones directas entre los participantes. Esta descentralización es posible gracias a la innovadora tecnología conocida como cadena de bloques, un libro de contabilidad distribuido que registra todas las transacciones de Bitcoin de forma transparente y segura.

En el corazón de la operación de Bitcoin se encuentra la cadena de bloques, un libro de contabilidad descentralizado e inmutable que garantiza la transparencia y la seguridad. La cadena de bloques se compone de una serie de bloques interconectados, cada uno de los cuales tiene una lista de transacciones confirmadas. Estos bloques se vinculan entre sí mediante técnicas criptográficas, creando un registro cronológico resistente a la manipulación.

Bitcoin funciona con un mecanismo de consenso llamado Proof-of-Work (PoW). Los mineros, equipados con potentes ordenadores, compiten para resolver complejos acertijos matemáticos para validar las transacciones y asegurar la red. A través de este proceso, se acuñan nuevos Bitcoins y se distribuyen como recompensa por los esfuerzos de minería.

La introducción de Bitcoin ha alterado los sistemas financieros tradicionales al eliminar la necesidad de intermediarios. Las transacciones ahora pueden ocurrir directamente entre las partes sin la participación de bancos o procesadores de pagos. Esta desintermediación puede reducir los costos de transacción y aumentar la inclusión financiera, especialmente en las regiones desatendidas.

Bitcoin ha ganado reconocimiento como reserva de valor, a menudo comparada con el oro digital. Su suministro limitado, limitado a 21 millones de monedas, y la naturaleza descentralizada de la red han posicionado a Bitcoin como una cobertura potencial contra la inflación y un medio para preservar la riqueza.

La naturaleza sin fronteras de Bitcoin permite transacciones transfronterizas sin fricciones. Las personas pueden enviar y recibir fondos a nivel mundial sin la necesidad de sistemas bancarios tradicionales, lo que convierte a Bitcoin en una opción atractiva para las remesas y el comercio internacional.

Una de las principales ventajas de Bitcoin radica en su naturaleza descentralizada. La eliminación de la necesidad de intermediarios, como los bancos, permite a los usuarios tener un control directo sobre sus finanzas. Esta descentralización reduce el riesgo de censura, proporciona una mayor privacidad y fomenta la soberanía financiera.

La tecnología subyacente de Bitcoin, cadena de bloques, garantiza transacciones seguras y transparentes. Su naturaleza descentralizada y distribuida lo hace altamente resistente al fraude y la manipulación. En la cadena de bloques, se registra cada transacción, lo que da como resultado un registro inmutable y auditable, lo que aumenta la seguridad y la confianza de los participantes.

Bitcoin tiene el potencial de cerrar la brecha de la inclusión financiera. Al aprovechar su accesibilidad global y sus bajas barreras de entrada, permite a las personas de las regiones desatendidas acceder a los servicios financieros, participar en la economía mundial y, potencialmente, superar las limitaciones bancarias tradicionales.

La escalabilidad ha sido un desafío de larga data para Bitcoin. A medida que aumenta su popularidad, también lo hace el volumen de transacciones, lo que lleva a la congestión y a tiempos de procesamiento más lentos. Se están realizando esfuerzos para abordar este problema, con avances tecnológicos como Lightning Network con el objetivo de aumentar la velocidad y el rendimiento de las transacciones.

La volatilidad del precio de Bitcoin ha sido una característica definitoria de su mercado en etapa inicial. Las fluctuaciones rápidas y significativas de los precios pueden suponer riesgos para los inversores y convertirlo en una inversión especulativa. Sin embargo, a medida que el mercado madure y aumente la adopción, se espera que la volatilidad se estabilice gradualmente.

El cambiante panorama regulatorio que rodea a las criptomonedas presenta desafíos para Bitcoin. Los gobiernos de todo el mundo están lidiando con cómo regular e integrar las criptomonedas en los sistemas financieros existentes. El entorno regulatorio incierto puede afectar la adopción generalizada y obstaculizar la integración perfecta de Bitcoin en los marcos financieros tradicionales.

En los últimos años, los inversores institucionales y las grandes corporaciones han mostrado un creciente interés en Bitcoin. La entrada de actores institucionales en el mercado de las criptomonedas se considera un hito importante, que legitima aún más a Bitcoin como clase de activo.

Los avances tecnológicos en curso tienen como objetivo abordar los desafíos de escalabilidad y usabilidad de Bitcoin. Innovaciones como la Lightning Network, las cadenas laterales y las soluciones de segunda capa ofrecen soluciones potenciales para mejorar la funcionalidad y la usabilidad de Bitcoin.

Los marcos regulatorios de todo el mundo están evolucionando gradualmente para dar cabida a criptomonedas como Bitcoin. El establecimiento de regulaciones claras y de apoyo podría fomentar una adopción e integración más amplias en los sistemas financieros tradicionales.

Ethereum (ETH): más allá de una moneda digital

Ethereum (ETH) se ha convertido en una de las criptomonedas más destacadas e influyentes desde su lanzamiento en 2015. Mientras que Bitcoin introdujo al mundo la moneda digital descentralizada, Ethereum ha llevado el concepto más allá al proporcionar una plataforma para crear aplicaciones descentralizadas (DApps) y contratos inteligentes. Con su robusta tecnología cadena de bloques y su versátil ecosistema, Ethereum ha desbloqueado infinitas posibilidades más allá de ser una moneda digital. En esta sección, exploraremos los orígenes de Ethereum, profundizaremos en su tecnología subyacente, examinaremos su impacto en el panorama de las aplicaciones descentralizadas, discutiremos sus ventajas y limitaciones, y exploraremos su potencial para revolucionar las industrias más allá de las finanzas.

Vitalik Buterin, una figura prominente en el espacio de las criptomonedas, conceptualizó Ethereum. Buterin cofundó la Fundación Ethereum, una organización sin fines de lucro que apoya el desarrollo y la adopción de la plataforma Ethereum. La Fundación Ethereum inició una oferta inicial de monedas (ICO) en 2014 para financiar el desarrollo del proyecto.

Ethereum introdujo el concepto de Ethereum Virtual Machine (EVM), una plataforma computacional descentralizada que permite la ejecución de contratos inteligentes. La máquina virtual de Ethereum (EVM) ofrece a los desarrolladores un entorno seguro y controlado en el que crear aplicaciones descentralizadas para la cadena de bloques de Ethereum.

Ethereum opera en una cadena de bloques similar a Bitcoin pero con funcionalidades adicionales. La cadena de bloques de Ethereum permite la ejecución de contratos inteligentes, que son acuerdos autoejecutables con condiciones predefinidas. La transparencia, la eficiencia y la confianza aumentan en una variedad de industrias debido a los contratos inteligentes, que automatizan los procedimientos y eliminan la necesidad de intermediarios.

Los desarrolladores utilizan Solidity, un lenguaje de programación diseñado específicamente para Ethereum, para escribir contratos inteligentes. Solidity permite crear aplicaciones complejas y descentralizadas con lógica y funcionalidad programables.

La plataforma de Ethereum ha abierto nuevos horizontes para el desarrollo de aplicaciones descentralizadas. Los desarrolladores pueden aprovechar la cadena de bloques de Ethereum y los contratos inteligentes para crear aplicaciones descentralizadas (DApps) que sean transparentes, resistentes a la censura y seguras. Esto ha catalizado la innovación en todas las industrias y tiene el potencial de alterar los sistemas centralizados tradicionales.

Ethereum introdujo el concepto de tokenización, permitiendo la creación y distribución de activos digitales (tokens) en la cadena de bloques de Ethereum. Las Ofertas Iniciales de Monedas (ICO), un método para que los proyectos generen fondos mediante la emisión de

sus propios tokens, se han vuelto cada vez más populares como
resultado de esto.

El desarrollo de las finanzas descentralizadas (DeFi), una industria
en rápida expansión que busca transformar los sistemas financieros
convencionales, se ha visto significativamente favorecido por
Ethereum. Las aplicaciones DeFi basadas en Ethereum permiten
préstamos entre pares, intercambios descentralizados, stablecoins y
otros servicios financieros sin necesidad de intermediarios.

La mayor ventaja de Ethereum radica en su naturaleza programable.
Los contratos inteligentes permiten a los desarrolladores crear
aplicaciones personalizadas y DApps adaptadas a casos de uso
específicos. Esta programabilidad ha abierto un mundo de
posibilidades, fomentando la innovación en industrias como las
finanzas, la cadena de suministro, los juegos y más.

Ethereum cuenta con un ecosistema robusto y vibrante alimentado
por una comunidad grande y diversa de desarrolladores, usuarios y
proyectos. El efecto de red creado por este ecosistema fomenta la
colaboración, el intercambio de conocimientos y el desarrollo de
aplicaciones interoperables. Permite a los desarrolladores
aprovechar las herramientas, bibliotecas y estándares existentes,
acelerando la innovación.

La cadena de bloques de Ethereum facilita la interconectividad
entre diferentes DApps y contratos inteligentes. El desarrollo de
aplicaciones complejas que pueden comunicarse entre sí, compartir
datos e integrar funciones es posible gracias a esta conexión
perfecta. La capacidad de construir sobre la infraestructura existente

mejora la utilidad y la funcionalidad de las aplicaciones basadas en Ethereum.

La escalabilidad ha sido un desafío persistente para Ethereum. A medida que su popularidad ha crecido, también lo ha hecho el número de transacciones en su red, lo que resulta en congestión y tiempos de confirmación más lentos. Ethereum 2.0, una actualización planificada, aborda los problemas de escalabilidad mediante la implementación de un mecanismo de consenso más eficiente y escalable.

Las transacciones y las ejecuciones de contratos inteligentes en la red Ethereum incurren en tarifas de gas. Durante los períodos de alta actividad de la red, estas tarifas pueden volverse volátiles y costosas, lo que dificulta la accesibilidad y crea barreras para usuarios y aplicaciones específicos. Las soluciones de capa 2 y los avances en el procesamiento por lotes de transacciones tienen como objetivo mitigar estos desafíos.

Ethereum, al igual que muchas otras redes cadena de bloques, depende de operaciones mineras que consumen mucha energía para asegurar su red. El consumo de energía asociado a la minería ha suscitado preocupaciones sobre el impacto medioambiental de las criptomonedas. Los desarrolladores de Ethereum están explorando activamente alternativas, como la transición a un mecanismo de consenso más eficiente desde el punto de vista energético.

La tecnología de Ethereum permite la creación de organizaciones autónomas descentralizadas (DAO), entidades autónomas controladas por contratos inteligentes y poseedores de tokens. Las DAO pueden transformar las estructuras de gobernanza tradicionales y fomentar procesos de toma de decisiones más inclusivos.

La transparencia e inmutabilidad de Ethereum lo hacen adecuado para aplicaciones de gestión de la cadena de suministro. Mediante el uso de contratos inteligentes y cadena de bloques, Ethereum puede proporcionar trazabilidad de extremo a extremo, reduciendo el fraude, mejorando la rendición de cuentas y garantizando la integridad de las cadenas de suministro.

La naturaleza descentralizada de Ethereum lo hace ideal para la gestión y autenticación de identidades digitales. Al aprovechar la inmutabilidad y la seguridad de la cadena de bloques, las soluciones basadas en Ethereum pueden mejorar la privacidad, combatir el robo de identidad y permitir la identidad autosoberana.

Ripple (XRP), Litecoin (LTC) y otras criptomonedas establecidas

Si bien Bitcoin sigue siendo la criptomoneda más conocida y ampliamente adoptada, muchas otras criptomonedas establecidas han dejado su huella en el panorama de los activos digitales. Ripple (XRP) y Litecoin (LTC) son criptomonedas que han ganado reconocimiento y una importante base de usuarios. Además de Bitcoin, estas criptomonedas tienen características únicas y propuestas de valor que las distinguen. En esta sección, exploraremos Ripple, Litecoin y otras criptomonedas establecidas, discutiendo sus orígenes, tecnología subyacente, características clave, importancia en el mercado y impacto potencial en el ecosistema financiero.

En 2012, Ripple (XRP), creada por Ripple Labs, se introdujo como una red para remesas, un sistema para la liquidación bruta en tiempo real y un cambio de divisas. Su objetivo principal es permitir transferencias internacionales de dinero rápidas y de bajo costo y facilitar transacciones transfronterizas sin problemas.

Ripple utiliza un algoritmo de consenso llamado Algoritmo de Consenso del Protocolo Ripple (RPCA). A diferencia de los mecanismos tradicionales de Proof-of-Work (PoW) o Proof-of-Stake (PoS), Ripple se basa en una red de validadores de confianza para confirmar y validar las transacciones, lo que permite un procesamiento y escalabilidad de las transacciones más rápidos.

La red de Ripple, conocida como RippleNet, conecta a instituciones financieras y proveedores de pagos en todo el mundo, lo que facilita la transferencia eficiente de fondos. RippleNet también admite la integración de varios activos digitales, lo que la convierte en una plataforma versátil tanto para monedas fiduciarias como para criptomonedas.

Litecoin (LTC), introducido en 2011 por Charlie Lee, a menudo se llama la "plata del oro de Bitcoin". Fue creado como una alternativa más rápida y liviana a Bitcoin, con el objetivo de mejorar la velocidad y escalabilidad de las transacciones mientras se mantiene una red descentralizada y segura.

Litecoin se distingue de Bitcoin por emplear un algoritmo de hash diferente llamado Scrypt. Este algoritmo permite una generación de bloques más rápida y reduce la ventaja de eficiencia del hardware de minería especializado, haciéndolo más accesible para los mineros individuales.

Litecoin fue una de las primeras criptomonedas en implementar Segregated Witness (SegWit), que aumenta la capacidad de transacción y permite que Lightning Network realice transacciones más rápidas y baratas. Además, Litecoin ha facilitado el desarrollo de intercambios atómicos, permitiendo un intercambio peer-to-peer de diferentes criptomonedas sin necesidad de intermediarios.

Bitcoin Cash (BCH) surgió debido a una bifurcación dura en la cadena de bloques de Bitcoin en 2017. Su objetivo era abordar los problemas de escalabilidad de Bitcoin aumentando el tamaño de los bloques, lo que permitía transacciones más rápidas y tarifas más bajas. Bitcoin Cash sigue coexistiendo con Bitcoin como moneda digital alternativa.

Una plataforma cadena de bloques llamada Cardano (ADA) pretende ofrecer un marco seguro y fiable para crear aplicaciones descentralizadas y llevar a cabo contratos inteligentes. Enfatiza la investigación académica revisada por pares y busca ofrecer una red escalable e interoperable.

El enfoque de Ripple en los pagos transfronterizos ha atraído la atención de las instituciones financieras que buscan aprovechar su tecnología para obtener remesas eficientes y rentables. El tiempo de generación de bloques más rápido de Litecoin y las tarifas de transacción más bajas lo han posicionado como una opción viable para las transacciones diarias y los micropagos.

El establecimiento de asociaciones y colaboraciones con instituciones financieras tradicionales ha desempeñado un papel crucial en la adopción e integración de Ripple, Litecoin y otras criptomonedas establecidas. Estas colaboraciones han ayudado a cerrar la brecha entre el mundo de la banca tradicional y el ecosistema de activos digitales.

Al igual que con cualquier criptomoneda, la volatilidad de los precios sigue siendo una característica de Ripple, Litecoin y otras monedas digitales establecidas. Si bien han ganado reconocimiento en el mercado y adopción por parte de los usuarios, su valor y percepción del mercado están sujetos a varios factores, incluido el sentimiento de los inversores, los desarrollos regulatorios y las condiciones macroeconómicas.

Ripple, Litecoin y otras criptomonedas establecidas exploran activamente nuevas tecnologías y soluciones para mejorar su escalabilidad, interoperabilidad y utilidad. Los desarrollos actuales muestran que tienen la capacidad de influir en la dirección de la banca digital, como la integración de la tecnología de Ripple con las monedas digitales de los bancos centrales (CBDC).

El panorama regulatorio sigue siendo un factor crítico para el futuro de las criptomonedas. La capacidad de navegar por las regulaciones cambiantes y los requisitos de cumplimiento determinará hasta qué punto Ripple, Litecoin y otras criptomonedas establecidas pueden desarrollar todo su potencial y obtener una aceptación generalizada.

Explorando altcoins prometedoras y proyectos emergentes

El panorama de las criptomonedas se extiende mucho más allá del conocido Bitcoin y de las criptomonedas establecidas como Ethereum y Ripple. En los últimos años, ha surgido una ola de nuevas altcoins y proyectos emergentes, cada uno con características y visiones únicas. Estas altcoins representan el espíritu innovador de la comunidad criptográfica, ampliando los límites de la tecnología cadena de bloques y explorando nuevos casos de uso. En esta sección, exploraremos una selección de altcoins prometedoras y proyectos emergentes, profundizando en sus orígenes, tecnología subyacente, aplicaciones potenciales e impacto en el ecosistema de criptomonedas en evolución.

Las altcoins se refieren a todas las criptomonedas que no sean Bitcoin. Por lo general, se lanzan como alternativas, buscando abordar las limitaciones percibidas u ofrecer características únicas que no se encuentran en las criptomonedas establecidas. El mercado de las altcoins es diverso y abarca varios proyectos y tecnologías.

El mercado de altcoins se caracteriza por la volatilidad y la actividad especulativa. El sentimiento de los inversores, las tendencias del mercado y los avances tecnológicos influyen significativamente en el éxito y la adopción de las altcoins. Los inversores suelen buscar proyectos con características innovadoras, casos de uso sólidos y comunidades activas.

Cardano (ADA) es una plataforma cadena de bloques que busca proporcionar una infraestructura segura y sostenible para el desarrollo de aplicaciones descentralizadas (DApps) y contratos inteligentes. Prioriza la investigación académica revisada por pares, la escalabilidad y la interoperabilidad, posicionándose como un competidor prometedor en el espacio cadena de bloques.

Polkadot (DOT) es una plataforma multicadena que permite la interoperabilidad de diferentes cadena de bloquess. Permite la transferencia fluida de activos y datos entre varias redes, fomentando la colaboración y la escalabilidad. El enfoque innovador de Polkadot para la comunicación entre cadenas tiene potencial para abordar los desafíos de escalabilidad y compatibilidad en el ecosistema de las criptomonedas.

Una red de oráculos descentralizada llamada Chainlink (LINK) vincula contratos inteligentes con API externas y datos del mundo real. Al cerrar la brecha entre las aplicaciones de cadena de bloques y las fuentes de datos externas, hace posible ejecutar contratos inteligentes que dependen de los datos actuales. La tecnología de Chainlink ha llamado la atención por su potencial para mejorar la funcionalidad y la fiabilidad de las aplicaciones descentralizadas.

Una red cadena de bloques de alto rendimiento conocida como Solana (SOL) utiliza el método de consenso Proof-of-History para abordar los problemas de escalabilidad. Combina la seguridad de Proof-of-Stake (PoS) con la eficiencia de Proof-of-History, lo que permite transacciones rápidas y de bajo costo. El enfoque de Solana en la escalabilidad lo posiciona como una solución prometedora para aplicaciones descentralizadas y finanzas descentralizadas (DeFi).

Una plataforma descentralizada llamada Avalanche (AVAX) busca ofrecer soluciones cadena de bloques escalables y adaptables. Utiliza un mecanismo de consenso llamado consenso Avalanche, que permite un alto rendimiento y una baja latencia. El enfoque de Avalanche en la velocidad, la seguridad y la interoperabilidad lo hace muy adecuado para aplicaciones de finanzas descentralizadas, gobernanza y tokenización de activos.

Terra (LUNA) es un protocolo de stablecoin que aprovecha la tecnología cadena de bloques para crear criptomonedas de precio estable vinculadas a varias monedas fiduciarias. Su objetivo es proporcionar a los usuarios un medio de intercambio fiable, especialmente en regiones con monedas locales volátiles. El ecosistema de stablecoin de Terra ha ganado terreno en el sector de las finanzas descentralizadas, ofreciendo estabilidad y liquidez a los usuarios.

Las altcoins prometedoras y los proyectos emergentes han desempeñado un papel importante en el crecimiento de las finanzas descentralizadas (DeFi). Estos proyectos facilitan la creación de

exchanges descentralizados, plataformas de préstamos y otros
servicios financieros que tienen como objetivo reemplazar a los
intermediarios tradicionales y brindar una mayor accesibilidad a los
productos financieros.

La exploración de soluciones de interoperabilidad por parte de
altcoins y proyectos emergentes permite una comunicación fluida y
la transferencia de activos entre diferentes redes cadena de bloques.
Esto fomenta la colaboración, la escalabilidad y la innovación,
abordando la fragmentación y la naturaleza aislada del ecosistema
de las criptomonedas.

Muchas altcoins y proyectos emergentes se centran en industrias o
casos de uso específicos, como la gestión de la cadena de
suministro, los juegos, la distribución de contenidos y la
verificación de identidad. Estos proyectos aprovechan la tecnología
cadena de bloques para proporcionar soluciones que mejoren la
eficiencia, la transparencia y la seguridad dentro de sus respectivos
sectores.

El panorama de las altcoins es muy competitivo, con numerosos
proyectos que compiten por la atención y la cuota de mercado.
Destacar entre la multitud y conseguir la adopción por parte de los
usuarios puede ser un reto en medio de un mar de criptomonedas
emergentes.

El entorno regulatorio que rodea a las criptomonedas sigue
evolucionando, lo que plantea desafíos e incertidumbres para las
altcoins y los proyectos emergentes. El cumplimiento de los

requisitos normativos y la navegación por los marcos legales
pueden afectar a su potencial de crecimiento y adopción.

Las altcoins y los proyectos emergentes deben seguir innovando y
desarrollando sus tecnologías para seguir siendo relevantes en el
ecosistema de las criptomonedas en rápida evolución. La
investigación continua, las soluciones de escalabilidad y la
participación de la comunidad son cruciales para su éxito a largo
plazo.

Capítulo VIII

Navegando por el mercado de criptomonedas

Ofertas iniciales de monedas (ICO) y ventas de tokens

La tecnología cadena de bloques ha cambiado por completo el sector financiero y ha brindado a los emprendedores y empresas innovadoras una nueva forma de recaudar fondos. Las Ofertas Iniciales de Monedas (ICO) y las ventas de tokens han ganado una atención y popularidad significativas en los últimos años como métodos alternativos de generación de capital. Al distribuir tokens o monedas digitales a los inversores, estas técnicas de recaudación de fondos permiten que las iniciativas recauden fondos. En esta sección, exploraremos el concepto de ICO y ventas de tokens, profundizaremos en sus orígenes y evolución, discutiremos sus beneficios y desafíos, analizaremos su impacto en el ecosistema de criptomonedas y examinaremos las consideraciones regulatorias que rodean estos métodos de recaudación de fondos.

El concepto de ICO y ventas de tokens se remonta a los primeros días de Bitcoin. El éxito de Bitcoin como moneda digital descentralizada sentó las bases para la tokenización de activos y la idea de crowdfunding a través de la emisión de tokens digitales.

En 2013, Mastercoin llevó a cabo la primera Oferta Inicial de Monedas, recaudando fondos para desarrollar una nueva capa sobre la cadena de bloques de Bitcoin. Este evento innovador allanó el camino para las ICO posteriores y estableció un marco para las ventas de tokens.

La introducción de la plataforma Ethereum en 2015 aceleró aún más el fenómeno de las ICO. La funcionalidad de contrato inteligente de Ethereum y la creación del estándar de tokens ERC-20 facilitaron a los proyectos la emisión y distribución de sus propios tokens.

Antes de lanzar una ICO o venta de tokens, los proyectos desarrollan un concepto integral y esbozan su visión en un documento técnico. El documento técnico detalla el proyecto, sus objetivos, la utilidad del token y el equipo que lo respalda.

El proyecto crea y distribuye tokens digitales a los inversores durante una ICO o venta de tokens. Estos tokens suelen representar una participación en el proyecto o proporcionan acceso a ciertas funciones o servicios dentro del ecosistema.

El objetivo principal de las ICO y las ventas de tokens es recaudar fondos para apoyar el desarrollo de proyectos. Las ventas de tokens proporcionan fondos para una variedad de usos, incluidas mejoras de infraestructura, crecimiento del equipo, marketing e investigación y desarrollo.

Las ICO y las ventas de tokens han democratizado el proceso de recaudación de fondos, permitiendo que las nuevas empresas y los proyectos accedan al capital de un grupo global de inversores. Al aprovechar la tecnología cadena de bloques y los contratos inteligentes, evitan a los intermediarios tradicionales, lo que permite oportunidades de recaudación de capital más eficientes e inclusivas.

La tokenización proporciona un mecanismo para alinear los incentivos entre los fundadores de proyectos, los primeros usuarios y los inversores. A los poseedores de tokens se les otorga la propiedad o la utilidad dentro del ecosistema del proyecto, lo que crea un sentido de propiedad y lealtad. Esta estructura incentivada puede fomentar la participación de la comunidad, impulsar la adopción y contribuir al crecimiento general del ecosistema.

Una de las ventajas notables de las ICO y las ventas de tokens es la liquidez que ofrecen. Los tokens digitales se pueden intercambiar en intercambios de criptomonedas, lo que proporciona liquidez a los poseedores de tokens. La aparición de mercados secundarios permite a los inversores comprar, vender e intercambiar tokens, lo que ofrece oportunidades para la toma de beneficios o la diversificación de la cartera.

Las ICO y las ventas de tokens se han enfrentado a desafíos e incertidumbres regulatorias en muchas jurisdicciones. Los reguladores necesitan ayuda para determinar el estatus legal y las regulaciones apropiadas para estos modelos de recaudación de fondos. Los diferentes enfoques regulatorios en todo el mundo crean complejidades tanto para los fundadores de proyectos como para los inversores, lo que requiere una cuidadosa consideración y esfuerzos de cumplimiento.

La naturaleza descentralizada y global de las ICO y las ventas de tokens plantea desafíos en términos de protección de los inversores. Las estafas, los proyectos fraudulentos y la manipulación del mercado son riesgos que los inversores deben sortear. La diligencia debida, la investigación y la comprensión de los fundamentos del proyecto se vuelven esenciales para mitigar estos riesgos.

El mercado de las criptomonedas es conocido por su alta volatilidad, y los valores de los tokens pueden experimentar fluctuaciones significativas. Los inversores en ICO y ventas de tokens deben estar preparados para la volatilidad de los precios y comprender los riesgos de invertir en estos proyectos en etapa inicial. Las prácticas sólidas de gestión de riesgos y una perspectiva de inversión a largo plazo son vitales para navegar por este mercado dinámico.

Las ICO y las ventas de tokens han impulsado la innovación al proporcionar un medio de financiación para proyectos basados en cadena de bloques. Han llevado al desarrollo de aplicaciones descentralizadas (DApps), nuevas plataformas cadena de bloques y casos de uso innovadores en todas las industrias.

Las ICO y las ventas de tokens han democratizado las oportunidades de inversión al permitir la participación de personas a nivel mundial, independientemente de su ubicación geográfica o estado financiero. Esto ha abierto vías de inversión que antes eran inaccesibles para los inversores minoristas.

Las ICO y las ventas de tokens han alterado los modelos tradicionales de crowdfunding al ofrecer un método de recaudación de capital más eficiente e inclusivo. Las startups y los proyectos pueden eludir a los intermediarios tradicionales, lo que permite un compromiso directo con la comunidad de inversores.

Los enfoques regulatorios para las ICO y las ventas de tokens varían según las jurisdicciones, ya que algunos países adoptan estos métodos de recaudación de fondos y otros imponen restricciones o implementan requisitos de licencia.

Los reguladores se centran en la protección de los inversores, garantizando que los proyectos que emiten tokens cumplan con las regulaciones de valores, los requisitos contra el lavado de dinero (AML) y los requisitos de conocimiento del cliente (KYC), y proporcionen una divulgación adecuada a los inversores.

Los marcos regulatorios evolucionan continuamente para seguir el
ritmo del rápido desarrollo del ecosistema de criptomonedas. Los
reguladores están trabajando para lograr un equilibrio entre el
fomento de la innovación y la protección de los intereses de los
inversores.

Finanzas descentralizadas (DeFi) y yield farming

Las finanzas descentralizadas (DeFi) se han convertido en una
fuerza revolucionaria en el ecosistema de las criptomonedas,
ofreciendo soluciones financieras innovadoras sin necesidad de
intermediarios tradicionales. Dentro del ámbito de DeFi, la
agricultura de rendimiento ha ganado una popularidad significativa
como método para maximizar los rendimientos de las tenencias de
criptomonedas. En esta sección, exploraremos el concepto de DeFi,
profundizaremos en las complejidades de la agricultura de
rendimiento, discutiremos sus beneficios y desafíos, analizaremos
su impacto en el panorama financiero y examinaremos el potencial
futuro de esta tendencia transformadora.

DeFi representa un cambio de paradigma en las finanzas,
aprovechando la tecnología cadena de bloques para construir
sistemas financieros abiertos, transparentes y sin permisos. Ofrece
una gama de aplicaciones descentralizadas (DApps) que permiten
préstamos, préstamos, comercio y otras actividades financieras,
todas ejecutadas en cadenas de bloques públicas.

Las aplicaciones DeFi se basan en contratos inteligentes, acuerdos
autoejecutables que ejecutan condiciones predefinidas
automáticamente. Estos contratos inteligentes permiten la

automatización, la transparencia y la ejecución eficiente de las transacciones financieras. La interoperabilidad entre diferentes protocolos y plataformas DeFi mejora la liquidez y amplía la gama de oportunidades financieras.

DeFi abarca varios componentes, incluidos los exchanges descentralizados (DEX), las plataformas de préstamos y préstamos, las stablecoins, los agregadores de rendimiento y los creadores de mercado automatizados (AMM). Estos componentes trabajan juntos para crear un ecosistema financiero descentralizado integral.

El yield farming, también conocido como minería de liquidez, es una práctica en la que las personas proporcionan liquidez a los protocolos DeFi a cambio de recompensas. Consiste en bloquear criptomonedas en contratos inteligentes para facilitar las transacciones y ganar intereses, comisiones o tokens de gobernanza.

Los agricultores de rendimiento contribuyen con sus tenencias de criptomonedas a los fondos de liquidez, que permiten operar en exchanges descentralizados o proporcionan liquidez a las plataformas de préstamos. Al apostar sus activos, los agricultores se convierten en proveedores de liquidez y obtienen rendimientos a través de intereses, tarifas de transacción o recompensas simbólicas.

El yield farming se basa en mecanismos de incentivos para atraer a los proveedores de liquidez. Los proyectos a menudo distribuyen tokens de gobernanza u otras recompensas para incentivar a los usuarios a contribuir a su plataforma. La tokenómica, incluido el suministro de tokens, los mecanismos de distribución y las tasas de inflación, es crucial para dar forma a los ecosistemas de agricultura de rendimiento.

El yield farming ofrece la posibilidad de obtener rendimientos atractivos en comparación con las cuentas de ahorro tradicionales o los vehículos de inversión. Al aprovechar las altas tasas de interés, las tarifas y las recompensas de tokens que ofrecen los protocolos DeFi, los agricultores pueden obtener rendimientos sustanciales en sus tenencias de criptomonedas.

El yield farming contribuye a la liquidez de los protocolos DeFi, mejorando su eficiencia de mercado y reduciendo el deslizamiento en los exchanges descentralizados. Al proporcionar liquidez, los agricultores desempeñan un papel vital en la salud y estabilidad general del ecosistema DeFi.

Algunas iniciativas de yield farming proporcionan tokens de gobernanza, que otorgan a los titulares derechos de voto y la capacidad de dar forma a la dirección futura del protocolo. Esto permite a los agricultores tener voz y voto en los procesos de toma de decisiones y en el desarrollo de las plataformas que apoyan.

El yield farming implica interactuar con contratos inteligentes, lo que puede conllevar riesgos como vulnerabilidades, errores o posibles exploits. Los agricultores deben evaluar cuidadosamente el historial de seguridad y auditoría de los protocolos con los que se involucran para mitigar estos riesgos.

La provisión de liquidez en los exchanges descentralizados expone a los agricultores a pérdidas impermanentes, donde el valor de sus activos en el fondo de liquidez puede diferir de su valor cuando se mantienen individualmente. Los agricultores deben comprender y gestionar este riesgo cuando participan en la agricultura de rendimiento.

Los rendimientos y las recompensas obtenidos a través de la agricultura de rendimiento están sujetos a la volatilidad del mercado y a las condiciones cambiantes del mercado. Los agricultores deben estar preparados para las fluctuaciones en las recompensas y considerar el impacto potencial de los movimientos del mercado en sus rendimientos generales.

La agricultura de rendimiento democratiza el acceso a los servicios financieros, lo que permite a cualquier persona con conexión a Internet y tenencias de criptomonedas participar en la obtención de rendimientos atractivos. Ofrece una alternativa inclusiva a los sistemas financieros tradicionales que pueden excluir a personas específicas en función de su ubicación geográfica o situación financiera.

La agricultura de rendimiento ha impulsado la innovación en el espacio DeFi, fomentando la experimentación con nuevos modelos financieros, mecanismos de incentivos y tokenómica. La búsqueda de mayores rendimientos ha llevado a la creación de productos innovadores y al perfeccionamiento de los protocolos existentes.

El yield farming desafía el papel de los intermediarios financieros tradicionales al proporcionar alternativas descentralizadas para los préstamos, los préstamos y el comercio. A medida que los protocolos DeFi maduran y ganan adopción generalizada, tienen el potencial de alterar y remodelar el panorama financiero tradicional.

A medida que el ecosistema DeFi evolucione, la sostenibilidad y la viabilidad a largo plazo serán consideraciones clave. Garantizar la seguridad, la fiabilidad y la solidez de los protocolos DeFi será crucial para el crecimiento continuo y la aceptación de la agricultura de rendimiento.

El entorno regulatorio que rodea a DeFi y la agricultura de rendimiento aún se está desarrollando, y las autoridades abordan las preocupaciones relacionadas con la protección de los inversores, la manipulación del mercado y el cumplimiento de las regulaciones financieras existentes. Los futuros marcos regulatorios desempeñarán un papel vital en la configuración del panorama y el establecimiento de la confianza del mercado.

La integración de DeFi y la agricultura de rendimiento con los sistemas financieros tradicionales tiene un potencial significativo. La colaboración entre los protocolos DeFi y las instituciones financieras convencionales podría cerrar la brecha entre las finanzas descentralizadas y centralizadas, desbloqueando nuevas vías para el flujo de capital y la innovación financiera.

Tokens no fungibles (NFT) y coleccionables digitales

La tecnología cadena de bloques ha liderado una nueva era de propiedad digital y escasez a través de los tokens no fungibles (NFT). Los NFT han ganado una gran atención y popularidad, revolucionando la forma en que percibimos e interactuamos con los activos digitales. Esta sección explora el concepto de NFT, profundiza en las complejidades de los coleccionables digitales, analiza su impacto en diversas industrias y analiza las oportunidades y desafíos que presentan en el cambiante panorama digital.

La fungibilidad se refiere a la intercambiabilidad de activos o bienes, donde cada unidad es idéntica y se puede intercambiar uno a uno. Las criptomonedas que han existido por más tiempo, como Bitcoin y Ethereum, son fungibles debido al hecho de que cada unidad tiene un valor predeterminado y se puede negociar libremente.

Los tokens no fungibles (NFT) son activos digitales únicos que representan la propiedad o la prueba de autenticidad de un artículo o contenido específico. A diferencia de las criptomonedas, los NFT no se pueden intercambiar uno a uno, ya que poseen características únicas, lo que los hace distintos e indivisibles.

Los NFT permiten la tokenización de varios activos digitales, incluidas obras de arte, música, bienes raíces virtuales, artículos virtuales en juegos, coleccionables y más. Cada NFT se registra en una cadena de bloques, lo que proporciona un registro transparente e inmutable de la propiedad.

Los coleccionables digitales, una categoría de NFT, han experimentado un aumento en popularidad, lo que permite a las personas coleccionar y poseer artículos digitales únicos. Estos artículos van desde arte digital, tarjetas coleccionables virtuales,

activos en el juego y bienes raíces virtuales hasta productos
digitales de edición limitada.

Los coleccionables digitales derivan su valor de la rareza y la
escasez. Los artistas, creadores y plataformas pueden asignar
ediciones limitadas, atributos únicos o características especiales a
los NFT, haciéndolos más deseables y valiosos para los
coleccionistas.

Los NFT proporcionan una prueba verificable de propiedad y
autenticidad para los coleccionables digitales. La tecnología cadena
de bloques que subyace a los NFT garantiza que los registros de
propiedad sean seguros, transparentes y a prueba de
manipulaciones, lo que permite a los coleccionistas poseer e
intercambiar sus activos digitales con confianza.

Los NFT han revolucionado la industria del arte, permitiendo a los
artistas monetizar creaciones digitales, establecer relaciones
directas con coleccionistas y recibir regalías a través de contratos
inteligentes. Este nuevo paradigma ha despertado la creatividad, la
innovación y la inclusión en el arte.

Los NFT han introducido nuevas posibilidades de propiedad y
monetización dentro de la industria del juego. Los jugadores
pueden poseer e intercambiar artículos del juego, bienes raíces
virtuales y personajes, fomentando un mercado secundario vibrante
y empoderando a los jugadores con la verdadera propiedad de sus
posesiones digitales.

Los NFT pueden transformar potencialmente las industrias de la música y el entretenimiento al proporcionar a los artistas fuentes de ingresos alternativas, permitir a los fanáticos coleccionar lanzamientos musicales de edición limitada y revolucionar la venta de entradas y las experiencias de los fanáticos.

Los NFT están revolucionando los sectores de la moda y los artículos de lujo al permitir a las marcas tokenizar artículos de edición limitada, autenticar la procedencia del producto y mejorar la participación del cliente a través de experiencias digitales inmersivas.

Los NFT democratizan la propiedad al eliminar las barreras geográficas y permitir que cualquier persona con conexión a Internet posea activos digitales únicos. Esto crea nuevas oportunidades para creadores, coleccionistas y fans de todo el mundo.

La interoperabilidad y la estandarización de los NFT en diferentes plataformas y mercados son cruciales para fomentar un ecosistema saludable y sostenible. La colaboración y el desarrollo de estándares para toda la industria mejorarán la liquidez, la accesibilidad y la experiencia del usuario.

El consumo de energía asociado a las redes cadena de bloques ha suscitado preocupación por el impacto medioambiental de los NFT. Explorar alternativas ecológicas e implementar prácticas sostenibles será crucial para la viabilidad a largo plazo de la tecnología.

La tokenización de activos digitales plantea complejas cuestiones legales y de derechos de autor. Establecer marcos para proteger los derechos de propiedad intelectual, garantizar una compensación justa para los creadores y prevenir las infracciones será esencial para el crecimiento y la aceptación continuos de los NFT.

La integración de los NFT con tecnologías de realidad virtual y aumentada abre posibilidades para experiencias digitales inmersivas e interactivas. Los mundos virtuales y los metaversos podrían convertirse en la próxima frontera para la adopción de NFT, revolucionando la forma en que nos relacionamos con los activos digitales.

Los NFT tienen el potencial de transformar el sector educativo al permitir la emisión de certificados, títulos y credenciales verificables en la cadena de bloques. Esto puede mejorar la transparencia, la seguridad y la facilidad de verificación de los logros educativos.

Los NFT reflejan la evolución del comportamiento de los consumidores a la hora de valorar las experiencias digitales y la propiedad digital. La adopción generalizada de NFT puede remodelar los patrones de consumo tradicionales, redefinir las nociones de propiedad y difuminar las líneas entre los activos físicos y digitales.

Staking, préstamos y otras estrategias de generación de ingresos

La evolución del ecosistema de las criptomonedas ha proporcionado nuevas oportunidades de inversión y ha introducido estrategias innovadoras de generación de ingresos para los poseedores de criptomonedas. El staking, los préstamos y otras estrategias han ganado popularidad al aprovechar la tecnología cadena de bloques para obtener ingresos pasivos. Esta sección explorará el concepto de staking, préstamos y otras estrategias de generación de ingresos en el espacio de las criptomonedas. Profundizaremos en sus mecanismos, beneficios, riesgos e impacto en el ecosistema de las criptomonedas.

El staking implica mantener y "apostar" una cierta cantidad de criptomonedas en una billetera o plataforma designada para respaldar las operaciones de una red cadena de bloques de prueba de participación (PoS). Al apostar sus monedas, los participantes contribuyen a la seguridad y el consenso de la red y, a cambio, reciben recompensas en forma de tokens adicionales o tarifas de transacción.

El staking ofrece varios beneficios, incluida la oportunidad de obtener ingresos pasivos, respaldar la seguridad y la descentralización de la red y participar en la gobernanza de la red cadena de bloques a través de los derechos de voto. Los incentivos, como las recompensas de staking y la apreciación de tokens, atraen a los participantes a apostar sus monedas.

Los grupos de participación permiten a las personas agrupar sus recursos de participación, lo que aumenta las posibilidades de obtener recompensas. El staking delegado permite a los participantes delegar su poder de staking a un validador de confianza, lo que elimina la necesidad de conocimientos técnicos e infraestructura.

Las plataformas de préstamos en criptomonedas facilitan los préstamos entre pares, lo que permite a las personas prestar sus activos digitales y ganar intereses. Los prestatarios pueden obtener préstamos proporcionando garantías en forma de criptomonedas.

Los prestamistas se benefician de generar intereses sobre sus inversiones en criptomonedas inactivas, diversificar sus fuentes de ingresos y lograr tasas de interés más altas en comparación con las instituciones financieras convencionales. Algunas plataformas de préstamos también ofrecen funciones como la reinversión automática de intereses y rendimientos compuestos.

Los prestatarios pueden utilizar sus tenencias de criptomonedas como garantía para asegurar préstamos sin necesidad de verificaciones de crédito o procesos bancarios tradicionales. Esto permite el acceso a la liquidez sin vender sus criptoactivos, lo que les permite beneficiarse de una posible apreciación del precio.

El suministro de liquidez implica el suministro de liquidez a exchanges descentralizados o pools de liquidez, ganando comisiones a cambio. El yield farming lleva la liquidez proporcionando un paso más allá al utilizar múltiples plataformas para maximizar los rendimientos a través de estrategias como el staking, los préstamos y la participación en programas de minería de liquidez.

Los masternodes son nodos especializados que realizan funciones adicionales dentro de una red cadena de bloques. Ejecutar un masternode a menudo requiere una inversión inicial significativa y experiencia técnica. A cambio, los operadores de masternodes reciben recompensas por apoyar las operaciones de la red.

Algunas monedas proof-of-stake distribuyen dividendos regulares a los poseedores de monedas como una forma de incentivar la inversión a largo plazo y la participación en la gobernanza de la red. Estos dividendos se distribuyen proporcionalmente a la cantidad de monedas apostadas que posee cada participante.

Las estrategias de generación de ingresos en la inversión en criptomonedas ofrecen la posibilidad de obtener ingresos pasivos aprovechando las tenencias de criptomonedas. El staking, los préstamos y otras estrategias permiten a las personas participar en la red y obtener recompensas por sus contribuciones, como validar transacciones o proporcionar liquidez.

Participar en estrategias de generación de ingresos proporciona diversificación más allá de las vías de inversión tradicionales. Al diversificar las fuentes de ingresos, las personas reducen su dependencia de una única fuente de ingresos, mejorando así la estabilidad financiera y la resiliencia.

Algunas estrategias de generación de ingresos, como el staking y la operación de masternodes, permiten a los participantes contribuir activamente a la gobernanza de la red. Esta participación les otorga derecho a voto y voz en los procesos de toma de decisiones, lo que fomenta un sentido de comunidad y permite dar forma a la dirección futura de la red.

Los mercados de criptomonedas son conocidos por su volatilidad, y las estrategias de generación de ingresos no son inmunes a las fluctuaciones de precios. Los participantes deben ser conscientes de los riesgos potenciales asociados con las caídas del mercado, ya que la disminución de los precios de las criptomonedas puede afectar el valor de las recompensas o los intereses ganados. La gestión del riesgo y una perspectiva de inversión a largo plazo son esenciales para navegar por esta dinámica del mercado.

Interactuar con plataformas de préstamos, grupos de participación u otros servicios de terceros introduce riesgos de contraparte. Los participantes deben tener precaución y realizar una investigación exhaustiva al seleccionar plataformas para mitigar los riesgos de hackeos, estafas o insolvencia de la plataforma. Elegir plataformas de buena reputación y bien establecidas con medidas de seguridad sólidas es crucial para proteger las inversiones y las ganancias.

Ciertas estrategias de generación de ingresos, como operar un masternode o establecer una infraestructura de participación, requieren conocimientos técnicos y consideraciones operativas. Los participantes deben garantizar la seguridad, la confiabilidad y la configuración adecuada de su instalación para mitigar los riesgos potenciales. Los desafíos técnicos, las actualizaciones de software y el mantenimiento de la red también pueden afectar el buen funcionamiento de las estrategias de generación de ingresos.

El staking contribuye a la seguridad y descentralización de las redes cadena de bloques al incentivar a los participantes a apostar sus monedas, apoyando así las operaciones de la red y los mecanismos de consenso.

Las plataformas de préstamos y las estrategias de suministro de liquidez mejoran la liquidez en el ecosistema de las criptomonedas, lo que permite un descubrimiento eficiente de precios y reduce la fricción comercial en los exchanges descentralizados.

Las estrategias de generación de ingresos atraen a nuevos participantes al ecosistema de las criptomonedas al ofrecer incentivos adicionales más allá de las oportunidades de inversión puras. Estas estrategias aumentan el compromiso de los usuarios y fomentan la participación a largo plazo.

Capítulo IX

Superar los desafíos y las trampas en la inversión en criptomonedas

Errores comunes que se deben evitar

La inversión en criptomonedas ofrece interesantes oportunidades para la acumulación de riqueza y el crecimiento financiero. Sin embargo, navegar por el mercado de las criptomonedas puede ser un reto, y muchos inversores son víctimas de errores comunes que pueden provocar pérdidas significativas. En esta sección, exploraremos algunos de los errores más comunes que se cometen en la inversión en criptomonedas y proporcionaremos información sobre cómo evitarlos. Al comprender estos escollos e implementar estrategias de inversión sólidas, los inversores pueden aumentar sus posibilidades de éxito y mitigar los riesgos potenciales.

Uno de los errores más comunes en la inversión en criptomonedas es no realizar una investigación exhaustiva. Comprender la tecnología subyacente, la dinámica del mercado, el equipo del proyecto y el ecosistema general es crucial antes de tomar cualquier decisión de inversión.

Los inversores deben evaluar la credibilidad, la transparencia y la legitimidad del proyecto en el que planean invertir. El escrutinio de los documentos técnicos, el examen de la hoja de ruta del proyecto, el análisis de los antecedentes del equipo y la evaluación de la opinión de la comunidad son pasos esenciales para llevar a cabo la diligencia debida.

Al realizar una investigación exhaustiva y la diligencia debida, los inversores pueden minimizar el riesgo de invertir en proyectos con intenciones dudosas, fundamentos deficientes o promesas poco realistas.

El miedo a perderse algo (FOMO) puede llevar a los inversores a tomar decisiones impulsivas basadas en la exageración del mercado y el miedo a perder ganancias potenciales. Esto a menudo resulta en

comprar en el pico de un ciclo de mercado y sufrir pérdidas
significativas cuando el mercado se corrige.

El exceso de confianza y la codicia pueden llevar a los inversores a
ignorar las estrategias de gestión de riesgos y perseguir ganancias
rápidas. Este comportamiento puede resultar en una exposición
excesiva a activos de alto riesgo y pérdidas significativas.

Los inversores deben esforzarse por desarrollar una mentalidad
racional, tomando decisiones basadas en un análisis cuidadoso, una
evaluación de riesgos y una perspectiva de inversión a largo plazo.
Adoptar la paciencia y la disciplina puede ayudar a evitar las
decisiones impulsadas por las emociones.

No diversificar las inversiones es un error común que expone a los
inversores a riesgos innecesarios. Concentrar las inversiones en una
sola criptomoneda o sector aumenta la vulnerabilidad a la
volatilidad y a las caídas del mercado.

Los inversores deben establecer expectativas realistas con respecto
a los rendimientos potenciales y la volatilidad. Los mercados de
criptomonedas son muy volátiles, y es crucial asignar las
inversiones de acuerdo con la tolerancia al riesgo individual y los
objetivos financieros.

La implementación de órdenes de stop-loss puede ayudar a
protegerse contra pérdidas significativas al activar automáticamente
una venta si el precio de una criptomoneda cae por debajo de un
umbral predeterminado. Esta estrategia ayuda a gestionar el riesgo a
la baja.

Los inversores que persiguen constantemente las tendencias del mercado a corto plazo y participan en operaciones frecuentes pueden ser víctimas del ruido del mercado. El trading rápido basado en las fluctuaciones de precios a corto plazo puede dar lugar a comisiones de trading excesivas y a la pérdida de oportunidades de crecimiento a largo plazo.

Los mercados de criptomonedas están sujetos a ciclos de auge y caída. Los inversores deben adoptar una perspectiva a largo plazo, entendiendo que la volatilidad a corto plazo es parte de la naturaleza del mercado, y tratar de cronometrar el mercado puede ser muy arriesgado.

Priorizar el análisis fundamental sobre los movimientos de precios a corto plazo puede ayudar a los inversores a identificar proyectos con bases sólidas, viabilidad a largo plazo y potencial de crecimiento sostenido.

Abstenerse de implementar medidas de seguridad adecuadas para proteger las tenencias de criptomonedas es un error crítico. Los inversores deben utilizar billeteras de hardware, contraseñas seguras, autenticación de dos factores y tener cuidado con los intentos de phishing y las plataformas inseguras.

Los inversores deben seleccionar intercambios de criptomonedas seguros y de buena reputación. Realizar una investigación exhaustiva sobre los protocolos de seguridad de los exchanges, los registros de seguimiento y los comentarios de los usuarios es esencial para evitar posibles hackeos o pérdidas de fondos.

Mantenerse informado sobre las últimas prácticas de seguridad, las nuevas amenazas y las mejores prácticas para proteger las criptomonedas es crucial para mantener un alto nivel de seguridad.

La impaciencia y el enfoque en las ganancias rápidas pueden llevar a los inversores a participar en operaciones especulativas o invertir en proyectos sin bases sólidas. El éxito a largo plazo en la inversión en criptomonedas requiere paciencia, disciplina y un enfoque en el valor fundamental.

Los mercados de criptomonedas son conocidos por su volatilidad. Los inversores deben estar preparados para las fluctuaciones del mercado, evitar las ventas de pánico durante las caídas del mercado y adoptar una perspectiva a largo plazo para superar la volatilidad a corto plazo.

Desarrollar una estrategia de inversión a largo plazo bien definida y alineada con los objetivos financieros personales y la tolerancia al riesgo ayuda a evitar la toma de decisiones impulsivas basadas en los movimientos del mercado a corto plazo.

Un error común que puede tener graves consecuencias financieras es invertir más dinero del que uno puede permitirse perder. Los inversores deben establecer un presupuesto, evaluar su tolerancia al riesgo e invertir dentro de sus posibilidades.

Reevaluar periódicamente la cartera de inversiones y ajustar las asignaciones en función de las condiciones cambiantes del mercado, el apetito por el riesgo y los objetivos financieros es esencial para mantener una cartera equilibrada y diversificada.

En caso de duda, buscar orientación de profesionales o asesores financieros con experiencia en la inversión en criptomonedas puede proporcionar información valiosa y ayudar a evitar errores costosos.

Hacer frente a la manipulación del mercado y las estafas

El mercado de las criptomonedas ha ganado una atención y popularidad significativas, atrayendo tanto a inversores legítimos como a actores sin escrúpulos que buscan explotar el ecosistema. La manipulación del mercado y las estafas plantean riesgos significativos para los inversores en criptomonedas, ya que pueden provocar pérdidas financieras y erosionar la confianza en la industria. Esta sección explorará los diversos tipos de manipulación del mercado y las estafas que prevalecen en la inversión en criptomonedas, discutirá el impacto en los inversores y el mercado en general, y proporcionará estrategias para detectar y mitigar estos riesgos.

La manipulación del mercado se refiere a las actividades intencionales destinadas a distorsionar el mercado para beneficiar a individuos o grupos específicos. Los tipos comunes de manipulación del mercado en el espacio de las criptomonedas incluyen esquemas de bombeo y descarga, suplantación de identidad, operaciones de lavado y uso de información privilegiada.

Los esquemas de pump and dump implican inflar artificialmente el precio de una criptomoneda a través de la compra coordinada, seguida de la venta cuando el precio alcanza un pico. Esto conduce a pérdidas significativas para los inversores desprevenidos que compran a precios inflados.

La suplantación de identidad es la práctica de colocar órdenes de compra o venta significativas para simular la demanda o la oferta del mercado, y luego cancelarlas una vez que el precio se ha movido en la dirección deseada. El wash trading consiste en ejecutar órdenes de compra y venta simultáneamente para crear un volumen de negociación falso y manipular el sentimiento del mercado.

El uso de información privilegiada se produce cuando las personas con información privilegiada la utilizan para operar antes de los anuncios públicos, obteniendo ventajas injustas sobre otros inversores.

Los estafadores a menudo crean Ofertas Iniciales de Monedas (ICO) y ventas de tokens fraudulentas, prometiendo altos rendimientos de la inversión pero sin ofrecer ningún producto o servicio tangible. Los inversores deben ser cautelosos y realizar una diligencia debida exhaustiva antes de participar en cualquier venta de ICO o tokens.

Los esquemas Ponzi y piramidales atraen a los inversores con promesas de altos rendimientos garantizados o bonificaciones por recomendación, confiando en los fondos de nuevos inversores para pagar a los inversores anteriores. Estos esquemas eventualmente colapsan, dejando a muchos inversores con pérdidas sustanciales.

Los ataques de phishing implican intentos engañosos de adquirir claves privadas o contraseñas de inicio de sesión, entre otra información confidencial. Los ataques de piratería se dirigen a los intercambios y billeteras de criptomonedas, lo que resulta en la pérdida de fondos. Los inversores deben emplear medidas de seguridad sólidas para protegerse contra este tipo de ataques.

La manipulación del mercado y las estafas pueden resultar en pérdidas financieras significativas para los inversores desprevenidos que son víctimas de esquemas fraudulentos o prácticas manipuladoras.

Los incidentes de manipulación del mercado y las estafas erosionan la confianza en el ecosistema de las criptomonedas, disuadiendo a los nuevos inversores y sofocando el crecimiento y el desarrollo del mercado.

La prevalencia de la manipulación del mercado y las estafas ha suscitado preocupaciones regulatorias en todo el mundo. Los gobiernos y los organismos reguladores están tomando medidas para proteger a los inversores y hacer cumplir regulaciones más estrictas para combatir las actividades fraudulentas.

Los inversores deben realizar una investigación exhaustiva y la debida diligencia antes de invertir en criptomonedas o participar en la venta de tokens. El escrutinio de los documentos técnicos, el examen de los antecedentes del equipo y el análisis de la viabilidad del proyecto son pasos esenciales para evitar estafas.

Elegir exchanges de criptomonedas regulados y de buena reputación reduce el riesgo de ser víctima de estafas o problemas relacionados con los exchanges. A la hora de seleccionar un exchange, los inversores deben tener en cuenta las medidas de seguridad, los historiales y los comentarios de los usuarios.

Mantenerse actualizado sobre las últimas noticias, las tendencias del mercado y los riesgos potenciales en la industria de las criptomonedas es crucial. Seguir fuentes confiables, involucrarse en comunidades y participar en programas educativos puede ayudar a los inversores a mantenerse informados y tomar decisiones bien informadas.

Los inversores deben ser cautelosos con las oportunidades de inversión que prometen altos rendimientos garantizados o que parecen demasiado buenas para ser verdad. Las promesas poco realistas a menudo indican posibles estafas o esquemas fraudulentos.

El empleo de medidas de seguridad sólidas, como billeteras de hardware, autenticación de dos factores y contraseñas seguras, puede proteger las inversiones de ataques de piratería y phishing.

La industria de las criptomonedas, incluidos los exchanges, los proyectos y los inversores, debe colaborar para identificar y denunciar actividades sospechosas, compartir las mejores prácticas y desarrollar iniciativas de autorregulación para combatir la manipulación del mercado y las estafas.

Los reguladores desempeñan un papel crucial en la protección de los inversores y el mantenimiento de la integridad del mercado. Los gobiernos de todo el mundo están promulgando o considerando marcos regulatorios para combatir el fraude y hacer cumplir la transparencia en el ecosistema de las criptomonedas.

Inteligencia emocional e inversión disciplinada

La inversión en criptomonedas presenta interesantes oportunidades de crecimiento financiero, pero conlleva riesgos y volatilidad inherentes. Para navegar con éxito por el dinámico mercado de las criptomonedas, los inversores deben poseer inteligencia emocional y practicar una inversión disciplinada. La inteligencia emocional ayuda a los inversores a gestionar sus emociones y a tomar decisiones racionales, mientras que la inversión disciplinada garantiza el cumplimiento de una estrategia de inversión bien definida. Esta sección explorará la importancia de la inteligencia emocional y la inversión disciplinada en la inversión en criptomonedas, discutiendo sus beneficios, desafíos y estrategias para su cultivo.

La inteligencia emocional se refiere al reconocimiento, la comprensión y la gestión de las emociones en uno mismo y en los demás. Comprende varios componentes: autoconciencia, autorregulación, empatía y habilidades sociales.

La inversión en criptomonedas está plagada de desafíos emocionales como el miedo, el FOMO (miedo a perderse algo), la codicia y el pánico. Estas emociones pueden llevar a la toma de decisiones impulsivas, a la búsqueda de beneficios rápidos o a sucumbir a la volatilidad del mercado.

El desarrollo de la inteligencia emocional permite a los inversores gestionar sus emociones de forma eficaz, tomar decisiones racionales basadas en un análisis sólido, mantener la disciplina durante las fluctuaciones del mercado y desarrollar la resiliencia para navegar por los altibajos del mercado de las criptomonedas.

La inversión disciplinada se refiere a adherirse a una estrategia de inversión bien definida y seguir reglas y principios predeterminados. Implica mantener una perspectiva a largo plazo, evitar decisiones impulsivas y mantenerse comprometido con el plan de inversión.

La inversión disciplinada ayuda a los inversores a evitar sesgos emocionales, minimizar las operaciones impulsivas, reducir la exposición al riesgo excesivo y mantenerse centrados en los objetivos a largo plazo. Promueve la coherencia, la racionalidad y la capacidad de capear la volatilidad del mercado.

Los mercados de criptomonedas son conocidos por su volatilidad y movimientos de precios impredecibles, lo que pone a prueba la capacidad de los inversores para mantenerse disciplinados. El FOMO, el ruido del mercado y las tendencias del mercado a corto plazo pueden poner a prueba el compromiso de los inversores con su estrategia de inversión.

Desarrollar la autoconciencia es el primer paso para cultivar la inteligencia emocional. Los inversores deben reflexionar regularmente sobre sus emociones, sesgos y reacciones a los acontecimientos del mercado. Llevar un diario y autoevaluarse puede ayudar a obtener una comprensión más profunda de los desencadenantes emocionales de cada uno.

La práctica de técnicas de regulación emocional, como la respiración profunda, la atención plena y la meditación, puede ayudar a los inversores a gestionar sus emociones durante las turbulencias del mercado. Estas técnicas promueven la claridad, el enfoque y una mejor toma de decisiones.

El desarrollo de la empatía y las habilidades sociales permite a los inversores comprender el sentimiento del mercado, reconocer las perspectivas de otros participantes del mercado y participar en debates constructivos. Esto mejora la toma de decisiones basada en conocimientos más amplios y fomenta mejores interacciones con la comunidad de criptomonedas.

Los inversores deben definir sus objetivos de inversión, horizontes temporales, tolerancia al riesgo y estrategias de asignación de activos. Un plan de inversión bien definido proporciona una hoja de ruta y sirve de guía durante las fluctuaciones del mercado.

La investigación exhaustiva de las posibles inversiones, el análisis de las tendencias del mercado y la evaluación de los fundamentos del proyecto son esenciales para la toma de decisiones informadas. Los inversores deben priorizar el análisis fundamental sobre las fluctuaciones de precios a corto plazo.

Establecer expectativas realistas y comprender la volatilidad inherente de los mercados de criptomonedas ayuda a los inversores a evitar reacciones impulsivas a los movimientos de precios a corto plazo. Los objetivos a largo plazo y la paciencia son clave para el éxito de la inversión en criptomonedas.

Los inversores disciplinados emplean estrategias de gestión de riesgos, como la diversificación, el dimensionamiento de las posiciones y la utilización de órdenes de stop-loss. Estas estrategias ayudan a mitigar las pérdidas potenciales y a proteger el capital durante las recesiones del mercado.

Los inversores deben desarrollar una conciencia cognitiva de los sesgos emocionales comunes que influyen en la toma de decisiones, como el sesgo de confirmación, el sesgo de actualidad y el anclaje. Reconocer y desafiar estos sesgos ayuda a tomar decisiones de inversión más racionales y objetivas.

Relacionarse con inversores afines, participar en comunidades de inversión y buscar el apoyo de mentores o asesores financieros puede proporcionar perspectivas valiosas y ayudar a contrarrestar los sesgos emocionales.

Revisar periódicamente el rendimiento de las inversiones y evaluar objetivamente los resultados de las decisiones de inversión ayuda a identificar áreas de mejora y refuerza la importancia de la disciplina y la inteligencia emocional.

Aprender de los contratiempos y adaptar las estrategias

La inversión en criptomonedas es un mercado dinámico y en constante evolución que presenta oportunidades y desafíos. Los contratiempos son inevitables en este panorama volátil, pero la capacidad de aprender de ellos y adaptar las estrategias de inversión es crucial para el éxito a largo plazo. Esta sección explorará la importancia de aprender de los contratiempos, discutirá los desafíos comunes que enfrentan los inversores en criptomonedas y proporcionará estrategias para adaptar las estrategias de inversión para mitigar los riesgos y maximizar los rendimientos potenciales.

Los contratiempos en la inversión en criptomonedas se refieren a caídas inesperadas del mercado, pérdidas de inversión o desafíos imprevistos. Estos contratiempos pueden ocurrir debido a la volatilidad del mercado, cambios regulatorios, desarrollos tecnológicos o problemas específicos del proyecto.

Aprender de los contratiempos es fundamental para el crecimiento personal y profesional. Cada contratiempo presenta una oportunidad para obtener información valiosa, refinar los enfoques de inversión y fortalecer la resiliencia frente a la adversidad.

Adoptar una mentalidad de crecimiento, que acepta los desafíos como oportunidades de aprendizaje, permite a los inversores superar los contratiempos y utilizarlos como peldaños hacia el éxito futuro.

La grave volatilidad de los mercados de criptomonedas es bien conocida y puede dar lugar a importantes oscilaciones de precios y pérdidas de inversión. Los inversores deben navegar por esta volatilidad y desarrollar estrategias para gestionar el riesgo de forma eficaz.

El panorama regulatorio que rodea a las criptomonedas está evolucionando. Los cambios en la regulación y los marcos legales pueden afectar a la confianza de los inversores e introducir incertidumbres a las que deben adaptarse.

Invertir en criptomonedas expone riesgos tecnológicos, como vulnerabilidades de cadena de bloques, fallas de contratos inteligentes o brechas de seguridad. Comprender y mitigar estos riesgos es crucial para salvaguardar las inversiones.

Analizar las decisiones de inversión pasadas es fundamental para identificar los factores que condujeron a los contratiempos. Los inversores deben evaluar las razones detrás de las pérdidas de inversión, los errores de sincronización del mercado o las evaluaciones inexactas del proyecto para obtener información y evitar repetir errores similares.

Realizar análisis post-mortem después de contratiempos puede proporcionar lecciones valiosas. Esto implica evaluar los factores que contribuyeron al retroceso, identificar áreas de mejora e implementar cambios en las estrategias de inversión en consecuencia.

Mantenerse informado sobre las tendencias del mercado, las tecnologías emergentes y los desarrollos regulatorios es crucial para aprender y adaptar estrategias. Participar en el aprendizaje continuo a través de recursos educativos, asistir a conferencias y participar en debates del sector ayuda a los inversores a mantenerse a la vanguardia.

Buscar orientación de profesionales experimentados o asesores financieros puede proporcionar perspectivas y conocimientos valiosos. Su experiencia puede ayudar a los inversores a sortear los contratiempos, adaptar estrategias y tomar decisiones informadas basadas en las condiciones del mercado.

La diversificación de las carteras de inversión en diferentes criptomonedas, sectores y clases de activos ayuda a mitigar el riesgo. Al distribuir las inversiones, los inversores pueden minimizar el impacto de los contratiempos en una sola inversión.

La implementación de estrategias sólidas de gestión de riesgos, como el establecimiento de órdenes de stop-loss, el empleo de técnicas de dimensionamiento de posiciones y la reevaluación periódica de las asignaciones de cartera, ayuda a proteger las inversiones y a gestionar el riesgo a la baja.

Adoptar una perspectiva a largo plazo en la inversión en criptomonedas permite a los inversores superar las fluctuaciones del mercado a corto plazo y capitalizar el crecimiento potencial de proyectos sólidos. Este enfoque ayuda a reducir el impacto de los contratiempos y proporciona una visión más amplia del rendimiento de la inversión.

El mercado de las criptomonedas es dinámico y los inversores deben seguir siendo flexibles y ágiles en respuesta a las condiciones cambiantes del mercado. Esto implica un seguimiento continuo de las inversiones, adaptar las estrategias a las nuevas tendencias y estar abierto a ajustar las posiciones según sea necesario.

Desarrollar la resiliencia emocional es crucial para gestionar los contratiempos en la inversión en criptomonedas. Esto implica mantener la calma durante las caídas del mercado, evitar decisiones impulsivas impulsadas por el miedo o el pánico y mantener una perspectiva a largo plazo.

La inversión en criptomonedas requiere paciencia y perseverancia. Los contratiempos deberían animar a los inversores a perseguir sus objetivos a largo plazo. En cambio, los contratiempos deben verse como obstáculos temporales para el éxito.

La inteligencia emocional, que incluye la autoconciencia, la autorregulación y la empatía, ayuda a los inversores a gestionar las emociones durante los contratiempos. Al desarrollar la inteligencia emocional, los inversores pueden tomar decisiones racionales y mantener la disciplina en tiempos difíciles.

Capítulo X

El futuro de la inversión en criptomonedas

Tendencias y desarrollos en la industria de las criptomonedas

La industria de las criptomonedas ha experimentado un notable crecimiento e innovación desde sus inicios. A medida que la tecnología cadena de bloques continúa evolucionando, las nuevas tendencias y desarrollos están dando forma al panorama de la industria de las criptomonedas. En esta sección, exploraremos algunas de las tendencias y desarrollos significativos en la industria de las criptomonedas, incluidas las finanzas descentralizadas (DeFi), las monedas digitales de los bancos centrales (CBDC), los NFT (tokens no fungibles), las soluciones de escalabilidad y los avances regulatorios. Comprender estas tendencias es crucial para los inversores, las empresas y las personas que buscan navegar por el dinámico mundo de las criptomonedas.

Las finanzas descentralizadas, o DeFi, se refieren a aplicaciones y protocolos financieros construidos en redes cadena de bloques descentralizadas. Estas plataformas permiten a los usuarios acceder a servicios financieros como préstamos, préstamos y comercio sin intermediarios. DeFi ha experimentado un crecimiento explosivo, con miles de millones de dólares bloqueados en varios protocolos.

DeFi ofrece numerosas ventajas, incluida una mayor inclusión financiera, una mayor liquidez y el potencial de mayores rendimientos en comparación con las finanzas tradicionales. Sin embargo, los desafíos como las vulnerabilidades de seguridad, las incertidumbres regulatorias y las limitaciones de escalabilidad deben abordarse para una adopción más amplia.

Se espera que el sector DeFi crezca rápidamente, atrayendo a más usuarios e inversores institucionales. La innovación continua, la mejora de las experiencias de los usuarios y la claridad normativa serán fundamentales para dar forma al futuro de DeFi.

Las monedas digitales de los bancos centrales (CBDC) son formas digitales de monedas fiduciarias emitidas por los bancos centrales. Varios países, incluidos China, Suecia y las Bahamas, han progresado significativamente en la prueba piloto y la implementación de CBDC. Estas monedas digitales tienen como objetivo mejorar la inclusión financiera, reducir los costos de transacción y también aumentar la eficiencia en el sistema financiero.

Las CBDC tienen el potencial de remodelar el sistema monetario, pero también presentan desafíos como preocupaciones sobre la privacidad, riesgos de ciberseguridad y la necesidad de interoperabilidad entre diferentes CBDC. Además, las CBDC podrían afectar a los sistemas bancarios tradicionales y requerir una cuidadosa consideración de las políticas monetarias.

Se espera que las CBDC se adopten a nivel mundial, y que más países exploren su implementación. Los esfuerzos de normalización y la colaboración entre los bancos centrales son necesarios para hacer frente a los retos de interoperabilidad y garantizar una infraestructura de pagos transfronteriza sin fisuras.

Los tokens no fungibles (NFT) son activos digitales únicos que representan la propiedad o la prueba de autenticidad de un artículo específico, como obras de arte, objetos de colección o bienes inmuebles virtuales. Los NFT han ganado una gran atención y popularidad, atrayendo a artistas, coleccionistas e inversores.

Los NFT tienen diversos casos de uso, como el arte digital, los juegos, los bienes raíces virtuales y la tokenización de activos del mundo real. Los NFT brindan a los creadores nuevas oportunidades de monetización y permiten a las personas poseer e intercambiar activos digitales únicos.

A medida que el mercado de NFT continúa creciendo, se deben abordar desafíos como la sostenibilidad ambiental y la necesidad de mercados y marcos legales estandarizados. Se espera que la maduración del mercado, el aumento de la regulación y una adopción más amplia den forma al futuro de los NFT.

La escalabilidad ha sido un problema de larga data en la tecnología cadena de bloques. Las criptomonedas como Bitcoin y Ethereum se han enfrentado a limitaciones de rendimiento de transacciones y congestión de la red. Esto ha dado lugar a altas comisiones y tiempos de transacción más lentos.

Las soluciones de escalabilidad, como los protocolos de capa 2 y las cadenas laterales, tienen como objetivo aliviar la congestión y mejorar la velocidad de las transacciones. Además, los protocolos de interoperabilidad buscan conectar diferentes redes cadena de bloques, lo que permite una transferencia de valor fluida entre ellas.

Se están llevando a cabo esfuerzos de investigación y desarrollo para abordar los desafíos de escalabilidad en la industria de las criptomonedas. Se están explorando innovaciones como la fragmentación, los canales de estado y la mejora de los mecanismos de consenso para mejorar la escalabilidad y la facilidad de uso.

Los marcos regulatorios que rodean a las criptomonedas han
evolucionado, y muchos países han introducido o actualizado
regulaciones para brindar claridad y proteger a los inversores. Los
gobiernos están tomando medidas para prevenir el lavado de dinero,
garantizar la protección del consumidor y promover la integridad
del mercado.

Los avances regulatorios han allanado el camino para una mayor
adopción institucional de las criptomonedas. A medida que los
inversores institucionales, como los bancos, los gestores de activos
y los fondos de cobertura, entran en el mercado, éste se vuelve más
estable y líquido.

Los reguladores se enfrentan al reto de encontrar un equilibrio entre
el fomento de la innovación y la protección de los inversores. Las
directrices claras, los marcos de cumplimiento y la colaboración de
la industria son cruciales para el crecimiento sostenible de la
industria de las criptomonedas.

Regulaciones gubernamentales y consideraciones legales

La industria de las criptomonedas ha sido testigo de un enorme
crecimiento e innovación, lo que presenta desafíos únicos para los
gobiernos de todo el mundo. Para abordar las preocupaciones
relacionadas con la protección del consumidor, la estabilidad
financiera y las actividades ilícitas, los gobiernos han estado
implementando regulaciones y marcos legales para gobernar la
industria de las criptomonedas. En esta sección, exploraremos la
importancia de las regulaciones gubernamentales y las
consideraciones legales en la industria de las criptomonedas,

discutiremos los desafíos que enfrentan los reguladores y
examinaremos varios enfoques regulatorios y sus implicaciones
para la industria.

Las regulaciones gubernamentales desempeñan un papel vital en la
protección de los intereses de los consumidores al establecer reglas
y estándares para las empresas de criptomonedas. Las regulaciones
pueden ayudar a prevenir el fraude, las estafas y las prácticas
desleales, garantizando la igualdad de condiciones para los
participantes en el mercado.

La supervisión regulatoria es crucial para mantener la estabilidad
financiera dentro de la industria de las criptomonedas. Los
gobiernos tienen como objetivo mitigar los riesgos asociados con la
manipulación del mercado, el lavado de dinero y el financiamiento
del terrorismo, protegiendo la integridad del sistema financiero.

Las regulaciones bien diseñadas pueden fomentar la innovación al
proporcionar claridad y seguridad jurídica a las empresas que
operan en la industria de las criptomonedas. Las directrices claras
fomentan el espíritu empresarial responsable, atraen a los inversores
institucionales y aumentan la confianza del mercado.

La naturaleza acelerada de los avances tecnológicos en la industria
de las criptomonedas plantea desafíos para los reguladores.
Mantenerse al día con innovaciones como las finanzas
descentralizadas (DeFi), los contratos inteligentes y las tecnologías
que mejoran la privacidad requiere un profundo conocimiento de la
tecnología, así como de sus implicaciones.

Las criptomonedas operan en un ámbito digital sin fronteras, lo que dificulta a los reguladores hacer cumplir las regulaciones en diferentes jurisdicciones. La coordinación y la colaboración entre los gobiernos y los organismos internacionales son necesarias para abordar eficazmente las cuestiones transfronterizas.

Los reguladores deben encontrar un equilibrio entre la promoción de la innovación y la protección de los inversores. Las regulaciones excesivamente estrictas pueden sofocar el crecimiento, mientras que la falta de regulación puede exponer a los inversores a riesgos. Encontrar el enfoque regulatorio adecuado es crucial para fomentar un crecimiento responsable y garantizar la confianza de los inversores.

Algunos países han optado por prohibir o restringir fuertemente las criptomonedas, citando preocupaciones sobre el lavado de dinero, el fraude y las actividades ilegales. Si bien estas medidas tienen como objetivo proteger a los consumidores y al sistema financiero, pueden sofocar la innovación y empujar las actividades criptográficas a la clandestinidad.

Otras jurisdicciones exigen que las empresas de criptomonedas obtengan licencias o se registren ante las autoridades reguladoras. Este enfoque permite la supervisión regulatoria al tiempo que proporciona legitimidad a las empresas. Sin embargo, el proceso de concesión de licencias puede ser engorroso y disuadir a las nuevas empresas más pequeñas de entrar en el mercado.

Las regulaciones centradas en la divulgación y la protección del consumidor tienen como objetivo proporcionar transparencia y empoderar a los inversores para que tomen decisiones informadas. Estas regulaciones requieren que las empresas divulguen información relevante sobre sus operaciones, riesgos y salud financiera.

Las empresas que se dedican a las criptomonedas deben tomar medidas para detener el lavado de dinero y la financiación del terrorismo de acuerdo con la legislación Conozca a su cliente y contra el lavado de dinero. Estas regulaciones imponen obligaciones a las empresas para verificar la identidad de sus clientes, realizar un monitoreo de transacciones e informar sobre actividades sospechosas.

Los gobiernos están abordando cada vez más la tributación de las criptomonedas, tratándolas como activos o instrumentos imponibles. Establecer directrices fiscales claras ayuda a garantizar el cumplimiento, reducir la evasión fiscal y proporcionar claridad a las personas y empresas que participan en las transacciones de criptomonedas.

Dada la naturaleza global de las criptomonedas, la cooperación internacional es crucial para una regulación efectiva. Los gobiernos y los organismos internacionales deben colaborar para establecer normas coherentes, compartir información y abordar los desafíos transfronterizos.

Los reguladores pueden crear sandboxes de innovación o sandboxes regulatorios, lo que permite a las empresas operar en entornos controlados, probar nuevas tecnologías y colaborar con los reguladores. Los sandboxes promueven la innovación al tiempo que proporcionan a los reguladores información valiosa y oportunidades para perfeccionar las regulaciones.

Educar al público sobre las criptomonedas y sus riesgos asociados es esencial. Los gobiernos deben invertir en campañas de concienciación pública para informar a las personas sobre los posibles beneficios y riesgos de las inversiones en criptomonedas y fomentar la participación responsable.

Los marcos regulatorios deben ser ágiles y adaptables para seguir el ritmo de los avances tecnológicos y la dinámica cambiante del mercado. La evaluación periódica, los mecanismos de retroalimentación y la consulta a la industria permiten a los reguladores refinar y actualizar las regulaciones según sea necesario.

Adopción institucional y aceptación generalizada

El mundo de la inversión en criptomonedas ha sido testigo de un cambio significativo en los últimos años con la creciente participación de inversores institucionales y la aceptación gradual de las criptomonedas en las finanzas convencionales. La adopción institucional aporta nuevas oportunidades, liquidez y credibilidad al mercado de las criptomonedas, lo que indica una fase de transformación en la industria. Esta sección explorará la importancia de la adopción institucional, discutirá los factores que impulsan esta tendencia, examinará los beneficios y desafíos asociados con la participación institucional y analizará el camino hacia la aceptación generalizada de las criptomonedas.

El término "adopción institucional" describe la participación de las principales organizaciones financieras en el comercio de criptomonedas, incluidos bancos, fondos de cobertura, fondos de pensiones y administradores de activos. Esta participación aporta credibilidad, mayores entradas de capital y el potencial de una mayor aceptación del mercado.

Varios factores contribuyen al aumento de la adopción institucional, incluida la mejora de la claridad regulatoria, la maduración de la infraestructura del mercado de criptomonedas, el creciente interés de los inversores institucionales y la aparición de proveedores de servicios de custodia y de grado institucional.

Las instituciones ingresan al mercado de criptomonedas a través de varias vías, como inversiones directas, participación en ofertas iniciales de monedas (ICO), establecimiento de fondos de criptomonedas y asociaciones con empresas existentes centradas en criptomonedas.

Los inversores institucionales aportan importantes volúmenes de capital y negociación al mercado de criptomonedas, lo que mejora la liquidez y reduce la volatilidad de los precios. El aumento de la liquidez facilita a los inversores la entrada y salida de posiciones, lo que mejora la eficiencia del mercado.

La participación institucional da credibilidad a la industria de las criptomonedas. La participación de instituciones financieras de renombre ayuda a generar confianza entre los inversores minoristas y los organismos reguladores, validando las criptomonedas como una clase de activos legítimos.

Los inversores institucionales aportan experiencia profesional, estrategias de gestión de riesgos y tecnologías comerciales avanzadas al mercado de las criptomonedas. Esto mejora la eficiencia del mercado, reduce la asimetría de la información y mejora los mecanismos de descubrimiento de precios.

Las criptomonedas operan en una zona gris regulatoria, con regulaciones variables según las jurisdicciones. Las incertidumbres regulatorias pueden crear desafíos para los inversores institucionales, que requieren pautas claras para garantizar el cumplimiento y mitigar los riesgos legales.

El mercado de las criptomonedas es conocido por la volatilidad de sus precios, lo que supone un reto para la gestión del riesgo y la diversificación de la cartera. Los inversores institucionales deben emplear estrategias sólidas de gestión de riesgos para navegar por las fluctuaciones del mercado de manera efectiva.

Las criptomonedas se enfrentan a riesgos de seguridad, como hackeos, robos y vulnerabilidades de ciberseguridad. Los inversores institucionales deben implementar estrictas medidas de seguridad, como soluciones de custodia segura y protocolos integrales de ciberseguridad, para proteger sus activos.

El establecimiento de marcos regulatorios claros y coherentes es crucial para la aceptación generalizada. La claridad regulatoria reduce la incertidumbre jurídica, fomenta la confianza de los inversores y fomenta una mayor participación de los actores institucionales.

El desarrollo continuo de la infraestructura es esencial para apoyar la adopción institucional. Esto incluye la disponibilidad de servicios de custodia fiables, plataformas de negociación de grado institucional, exchanges regulados y mecanismos sólidos de vigilancia del mercado.

La educación desempeña un papel vital en la aceptación general. Los gobiernos, las asociaciones industriales y las instituciones educativas deben colaborar para educar a los inversores, a los responsables políticos y al público en general sobre las criptomonedas, la tecnología cadena de bloques y los beneficios potenciales de la participación institucional.

La integración del mercado de las criptomonedas y las finanzas tradicionales es un paso importante hacia la aceptación generalizada. Las colaboraciones entre las empresas de criptomonedas y las instituciones financieras convencionales, como los bancos y los procesadores de pagos, facilitan las rampas de entrada y salida sin problemas entre las criptomonedas y las monedas fiduciarias.

Oportunidades y retos para los futuros inversores

En los últimos años, la inversión en criptomonedas se ha convertido en una vía de inversión dinámica y potencialmente lucrativa. A medida que la industria continúa evolucionando, los futuros inversores se encontrarán con una variedad de oportunidades y desafíos que pueden afectar significativamente su viaje de inversión. En esta sección, exploraremos las oportunidades que presenta la inversión en criptomonedas, discutiremos los desafíos que pueden enfrentar los inversores y brindaremos información para navegar con éxito por este panorama en evolución.

Las criptomonedas han mostrado un crecimiento sustancial, y algunas han experimentado una apreciación exponencial de los precios. Esto les da a los compradores la oportunidad de ganar mucho dinero, especialmente si invierten su dinero en nuevos proyectos y altcoins.

Las criptomonedas brindan la oportunidad de diversificar las carteras de inversión más allá de los activos tradicionales. Agregar criptomonedas a una cartera puede reducir el riesgo general y aumentar los rendimientos potenciales al aprovechar la naturaleza no correlacionada del mercado de criptomonedas.

La industria de las criptomonedas fomenta la innovación, ofreciendo a los inversores acceso a tecnologías y proyectos innovadores. Invertir en criptomonedas permite a las personas apoyar y participar en el desarrollo de aplicaciones descentralizadas, protocolos cadena de bloques y soluciones disruptivas.

Las criptomonedas permiten a los inversores participar en un mercado global con barreras mínimas. A través de plataformas e intercambios digitales, los inversores pueden participar en el comercio e inversiones en criptomonedas desde cualquier parte del mundo, fomentando la inclusión y democratizando las oportunidades de inversión.

Los mercados de criptomonedas son conocidos por su alta volatilidad y rápidas fluctuaciones de precios. Esta volatilidad puede plantear desafíos para los inversores, ya que requiere resiliencia emocional, estrategias de gestión de riesgos y una perspectiva a largo plazo.

El panorama regulatorio de las criptomonedas aún está evolucionando, con diferentes jurisdicciones que adoptan diferentes enfoques. La estabilidad del mercado y la confianza de los inversores pueden verse afectadas por leyes poco claras o incoherentes que causen incertidumbre a los inversores.

Las criptomonedas se enfrentan a riesgos de seguridad, como la piratería, el fraude y los ataques de phishing. Los inversores deben priorizar la seguridad mediante el empleo de medidas sólidas, como la utilización de billeteras seguras, la implementación de la autenticación de dos factores y la precaución al interactuar con las plataformas digitales.

La industria de las criptomonedas es vasta y compleja, lo que dificulta a los inversores obtener información precisa y fiable. Navegar a través de muchos proyectos, documentos técnicos y análisis de mercado requiere la debida diligencia y la capacidad de discernir fuentes de información creíbles.

La investigación exhaustiva y la educación continua son esenciales para invertir con éxito en criptomonedas. Los inversores deben familiarizarse con la tecnología cadena de bloques, las tendencias del mercado y los fundamentos de los proyectos. Participar en recursos educativos, asistir a conferencias de la industria y unirse a comunidades en línea puede mejorar el conocimiento y la comprensión.

La gestión de los riesgos es crucial en la inversión en criptomonedas. Los inversores deben adoptar estrategias prudentes de gestión de riesgos, incluida la diversificación de su cartera, el establecimiento de objetivos de inversión claros y la asignación de solo una parte de su capital a las criptomonedas en función de su tolerancia al riesgo.

La realización de la debida diligencia y la realización de análisis fundamentales son esenciales para evaluar los proyectos de criptomonedas. Los inversores deben evaluar factores como la experiencia del equipo, la innovación tecnológica, el potencial de mercado y el compromiso con la comunidad para tomar decisiones de inversión informadas.

Adoptar una perspectiva a largo plazo es vital en la inversión en criptomonedas. La volatilidad del mercado a corto plazo no debe eclipsar el potencial de los proyectos sólidos. Los inversores que mantienen una mentalidad a largo plazo pueden resistir mejor las fluctuaciones del mercado y beneficiarse del potencial de crecimiento de las criptomonedas bien posicionadas.

Las partes interesadas, incluidos los gobiernos, los organismos reguladores y los participantes de la industria, deben trabajar juntos para establecer marcos regulatorios claros que protejan a los inversores y fomenten la innovación. La colaboración es clave para abordar los desafíos regulatorios y crear un entorno propicio para la inversión responsable en criptomonedas.

La industria de las criptomonedas debe esforzarse por establecer estándares de la industria y mejores prácticas para promover la transparencia, la seguridad y la protección de los inversores. Las iniciativas de autorregulación, la adhesión a las políticas de Conozca a su cliente (KYC) y contra el lavado de dinero (AML), y el desarrollo de soluciones de custodia segura son cruciales para generar confianza en los inversores.

Los avances tecnológicos en curso, como las soluciones de escalabilidad, las mejoras de privacidad y los protocolos de interoperabilidad, abordarán algunos de los desafíos a los que se enfrenta la industria de las criptomonedas. La innovación contribuirá a un ecosistema más robusto y fácil de usar, atrayendo a una gama más amplia de inversores.

Conclusión

Resumen de conceptos y conocimientos clave

A lo largo de este completo libro electrónico sobre la inversión exitosa en criptomonedas, hemos explorado numerosos conceptos, ideas y estrategias clave para navegar por el dinámico mundo de las criptomonedas. En esta sección, proporcionaremos un resumen de los conceptos esenciales discutidos, destacando los conocimientos clave obtenidos y resumiendo las estrategias clave para una inversión exitosa en criptomonedas. Este resumen tiene como objetivo consolidar el conocimiento adquirido a lo largo del manual y servir como una referencia valiosa tanto para los inversores principiantes como para los experimentados en el espacio de las criptomonedas.

I. Comprender los fundamentos de las criptomonedas

Las monedas virtuales o digitales que utilizan tecnología criptográfica para transacciones seguras se conocen como criptomonedas. Han evolucionado desde la invención de Bitcoin en 2009 y desde entonces se han convertido en una clase de activos diversa e innovadora.

La tecnología cadena de bloques constituye la base de las criptomonedas, proporcionando registros de transacciones

descentralizados y transparentes. Ofrece inmutabilidad, seguridad y el
potencial de revolucionar varias industrias más allá de las finanzas.

Las criptomonedas se pueden clasificar en diferentes tipos: Bitcoin
como la criptomoneda pionera, altcoins como criptomonedas
alternativas, stablecoins vinculadas a activos del mundo real y
tokens de utilidad utilizados dentro de ecosistemas específicos de
cadena de bloques.

II. *Preparación para la inversión y establecimiento de objetivos*

Los inversores deben evaluar su situación financiera, tolerancia al
riesgo y objetivos de inversión antes de ingresar al mercado de
criptomonedas. Comprender las circunstancias personales ayuda a
formular estrategias de inversión adecuadas.

Los objetivos de inversión claros y realistas son cruciales para guiar
las decisiones de inversión. Estos objetivos pueden incluir la
preservación de la riqueza, la revalorización del capital, la
generación de ingresos o el apoyo a proyectos específicos alineados
con los valores personales.

La evaluación de la tolerancia al riesgo es esencial para determinar
la asignación de activos y las estrategias de inversión adecuadas.
Factores como el horizonte de inversión, la estabilidad financiera y
la resiliencia emocional influyen en la tolerancia al riesgo.

III. *Selección de intercambios de criptomonedas confiables*

Los exchanges de criptomonedas sirven como plataformas para
comprar, vender e intercambiar criptomonedas. Seleccionar un

exchange confiable y de buena reputación es crucial para garantizar la seguridad, la liquidez y una experiencia de usuario positiva.

Factores como las medidas de seguridad, el cumplimiento normativo, las comisiones de negociación, las criptomonedas disponibles, la liquidez, la atención al cliente y la interfaz de usuario deben tenerse en cuenta a la hora de elegir un exchange.

Antes de elegir un exchange, los inversores deben realizar una investigación exhaustiva y ejercer la debida diligencia. Leer las reseñas, evaluar la reputación del exchange y tener en cuenta los comentarios de los usuarios puede ayudar a tomar una decisión informada.

IV. *Creación de una billetera de criptomonedas segura*

Las billeteras de criptomonedas son herramientas digitales que almacenan, envían y reciben criptomonedas de forma segura. Vienen en diferentes formas, incluyendo hardware, software y billeteras en línea.

Las billeteras de hardware como Trezor y Ledger ofrecen almacenamiento sin conexión y seguridad mejorada. Las billeteras de software como Exodus y Electrum se instalan en los dispositivos y brindan comodidad. Las billeteras en línea, como los exchanges y las billeteras basadas en la web, ofrecen accesibilidad, pero conllevan mayores riesgos de seguridad.

La implementación de medidas de seguridad, que incluyen contraseñas seguras, autenticación de dos factores (2FA), frases de

respaldo y actualizaciones periódicas de software, es esencial para
proteger las tenencias de criptomonedas del acceso no autorizado.

V. Evaluación de métricas clave para la inversión en criptomonedas

La capitalización de mercado refleja el valor total de una
criptomoneda y es una medida de su popularidad y valor percibido.
La liquidez indica la facilidad de comprar y vender una
criptomoneda sin afectar significativamente su precio.

Comprender la dinámica de la oferta y la demanda de una
criptomoneda ayuda a evaluar su potencial de apreciación de
precios. Factores como la oferta máxima, la tasa de inflación y la
utilidad influyen en la dinámica de la oferta y la demanda.

La volatilidad se refiere a la magnitud de las fluctuaciones de
precios en una criptomoneda. Si bien la volatilidad puede presentar
oportunidades de ganancias, también conlleva riesgos. El análisis
de los datos históricos de precios y las tendencias del mercado
ayuda a comprender los patrones de volatilidad.

VI. Estrategias y enfoques de inversión

La inversión a largo plazo implica mantener criptomonedas durante
un período prolongado, centrándose en el análisis fundamental y en
la identificación de proyectos prometedores. El trading a corto
plazo implica aprovechar la volatilidad de los precios y el análisis
técnico para generar ganancias rápidas.

La diversificación distribuye la inversión entre diferentes criptomonedas, lo que reduce la exposición al riesgo. Asignar una parte adecuada de la cartera a las criptomonedas en función de la tolerancia al riesgo y los objetivos de inversión es crucial para mantener una cartera equilibrada.

El análisis fundamental implica evaluar la tecnología subyacente de una criptomoneda, la experiencia del equipo, el caso de uso, el potencial de mercado y la participación de la comunidad. Ayuda a identificar proyectos sólidos con potencial de crecimiento a largo plazo.

El análisis técnico implica el análisis de datos históricos de precios y volúmenes para predecir los movimientos futuros de los precios. Los patrones gráficos, los indicadores y el análisis de tendencias son técnicas comunes utilizadas en el análisis técnico.

VII. *Gestión de Riesgos y Disciplina Emocional*

La implementación de estrategias de gestión de riesgos, como el establecimiento de órdenes de stop-loss, la diversificación de las inversiones y la determinación de un nivel aceptable de riesgo, es crucial para mitigar las pérdidas potenciales y proteger el capital de inversión.

La disciplina emocional es esencial en la inversión en criptomonedas para evitar tomar decisiones impulsivas basadas en el miedo, la codicia o el sentimiento del mercado. Apegarse a un plan de inversión bien definido y evitar reacciones emocionales ayuda a mantener un enfoque disciplinado.

VIII. Panorama regulatorio y evolución del mercado

Los gobiernos están desarrollando activamente marcos regulatorios para abordar la protección de los inversionistas, el lavado de dinero y las preocupaciones sobre la estabilidad del mercado. Comprender y cumplir con las regulaciones relevantes es esencial para la viabilidad y aceptación a largo plazo de las criptomonedas.

El aumento de la participación de inversores institucionales, como bancos, fondos de cobertura y gestores de activos, aporta credibilidad, liquidez y una mayor aceptación al mercado de las criptomonedas. La adopción institucional es un importante impulsor del crecimiento futuro del mercado.

Los continuos avances tecnológicos, incluidas las soluciones de escalabilidad, las mejoras de privacidad y los protocolos de interoperabilidad, están abordando desafíos críticos en la industria de las criptomonedas y contribuyendo a su desarrollo a largo plazo.

Reflexiones finales sobre el potencial de la inversión en criptomonedas

Al finalizar este completo libro electrónico sobre la inversión en criptomonedas, es esencial reflexionar sobre el potencial y la importancia de esta clase de activos emergentes. Las criptomonedas han transformado el panorama financiero, ofreciendo nuevas oportunidades, desafiando los sistemas tradicionales y revolucionando la forma en que percibimos e interactuamos con el dinero. En esta sección, proporcionaremos reflexiones finales sobre el potencial de la inversión en criptomonedas, explorando el poder transformador de la tecnología cadena de bloques, el panorama regulatorio en evolución, el papel de la adopción institucional y las implicaciones más amplias para las finanzas globales.

I. El poder transformador de la tecnología cadena de bloques

La tecnología cadena de bloques, la columna vertebral de las criptomonedas, permite transacciones descentralizadas y transparentes. Tiene la capacidad de perturbar a los intermediarios financieros tradicionales, como los bancos y los procesadores de pagos, facilitando las transacciones entre pares, reduciendo los costos y aumentando la eficiencia.

La inmutabilidad de la cadena de bloques garantiza la integridad de los registros de transacciones, lo que la hace resistente al fraude y la manipulación. La transparencia de la cadena de bloques permite una mayor responsabilidad, confianza y audibilidad en las transacciones financieras.

La tecnología cadena de bloques tiene aplicaciones más allá de las finanzas. Se puede utilizar en la gestión de la cadena de suministro, la atención médica, los sistemas de votación, la protección de la propiedad intelectual y otras áreas donde la transparencia, la seguridad y la confianza son esenciales.

II. Evolución del panorama normativo

Las criptomonedas se han enfrentado a desafíos regulatorios debido a su naturaleza disruptiva y riesgos potenciales. Los gobiernos y los organismos reguladores están trabajando para equilibrar la

protección del consumidor, la estabilidad financiera y el fomento de
la innovación.

Las regulaciones claras y coherentes proporcionan un marco para la
protección de los inversores y la estabilidad del mercado. La
claridad regulatoria alienta a los inversores institucionales y
minoristas a participar en la inversión en criptomonedas,
asegurando la integridad del mercado y reduciendo las actividades
fraudulentas.

La naturaleza global de las criptomonedas requiere la colaboración
entre los países para desarrollar marcos regulatorios coherentes. La
colaboración transfronteriza puede armonizar las regulaciones,
facilitar las transacciones internacionales y fomentar el crecimiento
del ecosistema global de criptomonedas.

III. *Adopción institucional y aceptación generalizada*

La participación de los inversores institucionales en el mercado de
criptomonedas aumenta la eficiencia, la credibilidad y la liquidez
del mercado. La adopción institucional señala la maduración de la
industria y fomenta una mayor aceptación entre los inversores
minoristas y el público en general.

La participación institucional impulsa el desarrollo de una sólida
infraestructura de mercado, incluidos los exchanges regulados, los
servicios de custodia y las plataformas de negociación de grado
institucional. Esta infraestructura mejora la integridad, la seguridad
y la accesibilidad del mercado.

La integración del mercado de criptomonedas y las finanzas tradicionales es un hito importante para la aceptación general. Las asociaciones entre las empresas de criptomonedas y las instituciones financieras tradicionales, como los bancos y los procesadores de pagos, facilitan una integración perfecta, mejorando la liquidez y la accesibilidad.

IV. *Implicaciones más amplias para las finanzas globales*

Al brindar acceso a servicios financieros a las poblaciones no bancarizadas o subbancarizadas de todo el mundo, las criptomonedas tienen el potencial de mejorar la inclusión financiera. Un teléfono inteligente y una conexión a Internet es todo lo que se requiere para que una persona participe en el sistema financiero global.

Las criptomonedas democratizan las oportunidades de inversión al eliminar barreras como las restricciones geográficas y los altos costos de entrada. Permiten a las personas invertir en proyectos emergentes y activos alternativos, nivelando el campo de juego y promoviendo el empoderamiento financiero.

Las criptomonedas desafían a los sistemas financieros tradicionales al ofrecer transacciones más rápidas, rentables y sin fronteras. A medida que las criptomonedas ganan aceptación general, pueden alterar los modelos bancarios tradicionales, los sistemas de pago y los servicios de remesas.

V. Adoptar prácticas de inversión responsable

Los inversores deben dar prioridad a la educación y la investigación continuas para mantenerse informados sobre las tendencias del mercado, los desarrollos tecnológicos y los cambios normativos. Comprender los fundamentos y los riesgos asociados con las criptomonedas es crucial para tomar decisiones de inversión informadas.

La aplicación de estrategias de gestión de riesgos, como la diversificación, el establecimiento de expectativas realistas y el mantenimiento de una perspectiva a largo plazo, es esencial para navegar por la volatilidad inherente del mercado de criptomonedas.

A medida que el ecosistema de las criptomonedas continúa evolucionando, la innovación responsable es vital. La industria debe priorizar la seguridad, la privacidad, la transparencia y el cumplimiento de los requisitos regulatorios para generar confianza y credibilidad entre los inversores, los reguladores y el público en general.

La inversión en criptomonedas tiene un inmenso potencial para dar forma al futuro de las finanzas y empoderar a las personas en todo el mundo. Con su naturaleza descentralizada y transparente, la tecnología cadena de bloques tiene el poder de alterar los sistemas financieros tradicionales, mejorar la transparencia y promover la inclusión financiera. La evolución del panorama regulatorio, la adopción institucional y la aceptación generalizada son factores clave que impulsan el crecimiento de la industria. Sin embargo, las prácticas de inversión responsable, la educación continua y la colaboración entre los participantes de la industria y los organismos reguladores son necesarias para garantizar un ecosistema sostenible y confiable. A medida que avanzamos, los inversores deben abordar la inversión en criptomonedas con una mentalidad a largo plazo, adoptar la innovación y contribuir al desarrollo positivo de esta clase de activos transformadores. Al hacerlo, podemos dar forma colectivamente a un futuro en el que las criptomonedas desempeñen un papel significativo en las finanzas globales y empoderen a las personas para que tomen el control de sus destinos financieros.

Gracias por comprar y leer/escuchar nuestro libro. Si este libro le ha resultado útil, tómese unos minutos y deje una reseña en la plataforma donde compró nuestro libro. Sus comentarios son muy importantes para nosotros.

www.ingramcontent.com/pod-product-compliance
Lightning Source LLC
Chambersburg PA
CBHW050336160726
48002CB00001B/332